中国史

细说

大河悲欢
之
隋朝

罗建华◎编著

UNITY PRESS 团结出版社

图书在版编目（CIP）数据

大河悲欢之隋朝 / 罗建华编著. -- 北京：团结出
版社, 2024.1
（细说中国史）
ISBN 978-7-5234-0310-5

Ⅰ. ①大… Ⅱ. ①罗… Ⅲ. ①中国历史—隋代—通俗
读物 Ⅳ. ①K241.09

中国国家版本馆CIP数据核字(2023)第139461号

出　版：团结出版社
　　　　（北京市东城区东皇城根南街84号　邮编：100006）
电　话：（010）65228880　65244790（出版社）
　　　　（010）65238766　85113874　65133603（发行部）
　　　　（010）65133603（邮购）
网　址：http://www.tjpress.com
E-mail：zb65244790@163.com（出版社）
　　　　fx65133603@163.com（发行部邮购）
经　销：全国新华书店
印　刷：三河市金兆印刷装订有限公司

开　本：710毫米×1000毫米　16开
印　张：12
字　数：200千字
版　次：2024年1月　第1版
印　次：2024年1月　第1次印刷

书　号：978-7-5234-0310-5
定　价：39.80元

序　言

　　中国是一个拥有悠久历史和灿烂文明的国度，中国作为世界上最古老的文明古国之一，拥有着灿烂辉煌的文化和悠久的历史传承。从五雄争霸之春秋到军阀混战之民国，中国历史如同一幅波澜壮阔的画卷，展现了数千年的辉煌与沧桑。

　　历史的巨轮滚滚向前，在人类历史的长河中，中国历史起着十分重要的作用，并具有其独特的历史地位。这不仅体现在其悠久的历史传承上，更在于它对人类文明的发展产生的深远影响。中国历史可以追溯到数千年前。在这漫长的历史长河中，中国经历了历朝历代的更迭，从夏朝的建立到清朝的灭亡，每个朝代都有其独特的政治、经济、文化等特色。这些朝代的兴衰变迁，不仅是中国历史的重要组成部分，更是人类文明发展的重要见证。

　　这部《细说中国史》系列丛书旨在为读者呈现一幅全面而细致的中国历史图景。以通俗易懂的语言，结合丰富的史事，尽力做到还原历史原貌。

　　另外，历史各期的政治制度、经济发展、科技创新、文化艺术等方面都有着丰富的内涵和独特的魅力。通过了解这些，读者可以更好地理解中国的现代化进程，以及中国历史在世界历史舞台上的地位和影响力。

　　同时，本系列丛书也将关注历史背后的社会背景和文化传承；探讨源远流长的中国文化，如儒家、道家、佛教等思想流派的兴起与传承；展示中国科技的辉煌成就，如四大发明、丝绸之路的开辟等。

本系列丛书可以让读者穿越历史的时空，追溯历史的起源，探索历朝历代的荣辱兴衰，感受历史人物的悲欢离合，并寻找历史规律，从而以史为镜，正己衣冠。

总之，衷心希望这部《细说中国史》系列丛书能帮助读者更好地了解中国的历史和文化，并感受其独特的魅力。

由于历史的复杂性和多样性，这部《细说中国史》系列丛书难以涵盖所有方面，不免挂一漏万。同时，历史研究也在不断发展和更新，我们将尽可能参考最新的学术研究成果，尽量做到准确且客观地叙述。期待读者在阅读过程中提出宝贵的意见和建议，诚挚感谢。

目 录

第五章　走向灭亡

第一章　大隋开国

　　隋朝的建立，结束了中国长期混乱割据的局面，实现了自秦汉以来的又一次统一。它将以往各朝的封建政治经济制度作了总结，通过改革、实践，加以完善，为以后各个朝代的发展奠定了基础。

隋帝杨坚的身世背景

　　隋朝是中国历史上最伟大的朝代之一，它上承南北朝、下启唐朝，它的到来结束了中国自西晋末年以来近300年的分裂局面，为中国开创了又一盛世。

　　隋朝开皇年间，经济、农业全面发展，疆域辽阔，国力强盛，百姓安居乐业，在最鼎盛的时期，人口达到700余万，是人类历史上农耕文明的巅峰时期，而这一切的辉煌成就都离不开隋文帝杨坚的辛勤耕耘。

　　隋文帝杨坚被尊为"圣人可汗"，在西方人眼中，他是中国最伟大的皇帝；在中国人眼中，他天生龙颜，家世显赫，做事周密严谨，弹指间便可左右天下。

　　自东汉至晚唐，中国人都比较讲究门阀，重视郡望。"郡望"指的是一郡的望族，以郡为基地，下不及县；如果称县，就可能专指某名人之裔，属于望中之望。杨坚出身望族，在《高祖纪》中，特别强调杨坚"弘农郡华阴人也。汉太尉震八代孙铉，仕燕为北平太守。铉生元寿，后魏代为武川镇司马，子孙因家焉”。

杨坚的先祖是杨元寿，是东汉太尉杨震的后代，而杨坚是杨震的十四代孙，杨氏家族到杨坚父亲杨忠这一代时，已是身居高位、家世显赫。《周书·杨忠传》记载说，杨忠是今陕西华阴人，小字奴奴，“美髭髯，身长七尺八寸，状貌瑰玮，武艺绝伦，识量沉深，有将帅之略”。早年，杨忠投靠到关陇贵族独孤信的麾下，深得独孤信的赏识，成为他手下的一名大将，在长期的征战过程中，两人更是成为了一生的挚友。

后来，杨忠跟随独孤信投靠宇文泰，在关西起义，杨忠因为骁勇善战，得到了宇文泰的重用。在一次战役中，杨忠擒获窦泰，破沙苑有功，被宇文泰提拔为征西将军，金紫光禄大夫。大统四年（538年），河桥战役爆发，在这场战役中，杨忠与五位壮士力战守桥，立下了大功，宇文泰又授予他左光禄大夫，云州刺史，兼大都督之职。没过多久，杨忠又因军功被封为洛州刺史。

杨坚的母亲吕氏也出身望族，西魏文帝大统七年（541年）六月癸丑之夜，吕氏在冯翊（今陕西大荔）般若寺生下杨坚。传说，杨坚出生时“紫气充庭”，有位神尼对杨坚的母亲说：“此儿所从来甚异，不可于俗间处之。”此后，杨坚便由神尼亲自抚养，一天，杨坚母亲抱着他，“忽见头上角出，遍体鳞起”。吕氏大骇，坠杨坚于地。神尼十分惋惜，说：“已惊我儿，致令晚得天下。”杨坚长大后，“为人龙颜，额上有五柱入顶，目光外射，有文在手曰‘王’”他的这些相貌特征，总让人对他既敬且畏。

杨坚出生时，正值杨忠随同宇文泰东征西战、屡立战功、加官晋爵之际，因此，杨坚的出身给杨氏家族带来了新的希望。在当时，每个贵族子弟都要学习骑射，杨坚自然也不例外，他也因此练就了一身骑射的好本领，这为他以后的南征北战打下了坚实的基础，但，杨坚的学习成绩并不好。

杨坚的贵族世家及其父亲杨忠的显赫地位为他以后的仕途提供了十分优越的条件，可以这么说，杨坚自出身以来，他的成长与父亲杨忠的加官晋爵是同步的。

大统九年（543 年），杨坚 3 岁，杨忠在邙山之战中"先登陷阵"，立战功，被晋封为大都督，进车骑大将军、仪同三司、散骑常侍。一段时间后，杨忠又被委任为朔、燕、显、蔚四州诸军事，加侍中、骠骑大将军、开府仪同三司。

大统十五年（549 年），杨坚 9 岁，杨忠被任命为都督三荆二襄二广南雍平信随江二郢淅十五州诸军事，负责镇守穰城。

大统十七年（551 年），杨坚 11 岁时，西魏文帝驾崩，宇文泰开始独揽朝政大权。梁朝邵陵王萧纶率兵侵占安陆（今湖北安陆），杨忠受命前去讨伐叛军，最后不负众望，生擒了萧纶，并俘虏了安乐侯日方。这次战役，杨忠"间岁再举，尽定汉东之地"，从这以后，汉水以东地区全部被西魏占有。

魏恭帝元年（554 年），杨忠被赐姓普六茹氏，行同州事，14 岁的儿子杨坚也开始步入仕途。同年十一月，宇文泰又策划了一次大规模的远征，杨忠和柱国于谨、中山公宇文护、韦孝宽等人被派去讨伐江陵（今湖北江陵）。江陵有"七省通衢"之称，位于长江中上游地区，历来是兵家必争之地，它南临长江，北依汉水，西控巴蜀，南通湘粤，地势险要，而且有着丰富的物产资源，许多文人雅士都在此聚集。江陵被攻克后，杨忠又被派去镇守穰城（今河南邓州）。

魏恭帝二年（555 年），杨坚 15 岁的时候，因为父亲杨忠的功勋，杨坚也被提拔为散骑常侍、车骑大将军、仪同三司，封成纪县公。魏恭帝三年（556 年），16 岁的杨坚又被升为骠骑大将军，加开府。

杨坚在仕途上能如此的平步青云，除了因为父亲的功勋，还和当时宇文泰笼络关陇军人集团的方针有关，当然，这中间也离不开宇文泰对杨忠的赏识。

宇文泰去世后，他的侄子宇文护逼迫魏恭帝退位，宇文泰的儿子宇文觉登基，是为孝闵帝，改国号为周，史称北周，但此时，国家大权仍掌握在晋国公宇文护手里。称帝后的孝闵帝想亲自执政，与宇文护发生冲突，后派人暗中谋杀宇文护，但不幸事情败露，被逼逊位。

这之后，宇文泰的长子宇文毓登上帝位，这就是周明帝。皇权更迭，历经几帝，但这并没有影响杨坚的仕途之路。周明登基后，便把杨坚晋升为右小宫伯，晋封大兴郡公。

周明帝二年（558年），此时的杨坚已经18岁，杨忠因军功被封为柱国大将军，次年，又被晋封为随国公，食邑万户，别食竟陵县1000户，收其租赋。

杨坚21岁时，宇文泰第四子宇文邕即皇帝位，是为周武帝，杨坚被晋封为随州刺史，进位大将军。

21岁的杨坚已经坐上了将军之位，可谓是少年得志。独孤信对他很是欣赏，便将自己的女儿许配给他，这门亲事对杨坚日后的显赫有着至关重要的作用。

独孤信是鲜卑族大贵族，西魏、北周著名的大将，战功卓著，官至柱国大将军、卫国公，他有7个女儿，大女儿嫁给了周明帝，被封为明敬皇后；四女儿嫁给了唐国公李虎的儿子李昺，她的儿子李渊后来成为了大唐的开国皇帝；小女儿独孤伽罗嫁给了杨坚，也就是赫赫有名的独孤皇后。独孤信也因此被称为三朝国丈，可说是历史上最显赫的岳父，当然，这些都是后话了。

独孤家族和李氏家族在当时都是显赫的名门望族，不论势力还是威望都是首屈一指的，再加上杨氏家族自己的声望，杨坚背后的政治资本可谓是雄厚。

杨坚与独孤氏缔结良缘后，他在北周政权中的地位，也跟着扶摇直上。特别是他的长女杨丽华成为了太子赟的太子妃后，他的势力也得到了加强。

局势分析

534年，东魏建立，535年，西魏建立。东西两魏表面上是由拓跋氏后裔继承，实际上，国家大权分别掌握在高欢及宇文泰手里，以至于数年后，政权分别被篡夺，形成北周与北齐对峙的局面。

东魏和西魏以山西陕西的边河黄河为界。相较于西魏，东魏在军力、经济、文化上都比较强盛，但后来东魏在几次战役中皆以失败告终，至此，双方对峙的局面已经确定。

东魏是由鲜卑化的六镇流民及河北世族所组成，因为高欢本身就是胡化汉人，所以他在政治上，比较倚重鲜卑族，甚至后来的北齐皇帝也刻意保留了鲜卑习俗，在国内提倡说鲜卑语及武事。

高欢在任用官员上，举贤任能，朝中有不少大臣都是他的伙伴，这些都为后来的北齐打下了坚实的基础。

但在战术上，高欢却不如宇文泰。536 年，高欢率大将窦泰等人西征西魏，两军交战于潼关，窦泰兵败，走投无路选择自杀；

隔年，关中大饥，高欢决定趁此机会再度西征，与宇文泰率领的西魏军交战于沙苑（今陕西大荔南），宇文泰军虽不满万人，最后却用智谋战胜了高欢率领的二十万大军，至此分裂局势大定，战场也转移到了河东地区。

546 年，高欢又亲自率领十万大军西征，与西魏守将韦孝宽交战于玉壁，最后高欢惨败，七万多人伤亡。一年后，高欢在晋阳因病去世，长子高澄继承霸业，掌控了东魏政权。

高澄野心勃勃，聪明过人，颇有政治头脑，对外，他将叛将侯景驱逐出境，巩固疆土；对内，他惩治贪贿，整顿吏治加强高氏根基，并暗中积极谋划着代魏自立，不曾想，没多久后，便离奇遇刺，其弟高洋继承父兄基业。550 年，高洋逼孝静帝禅位，并屠杀东魏皇室，东魏灭亡。

高洋遂代魏称帝，年号天保，国号齐，史称齐文宣帝，北齐至此建立。

说点局外事

杨坚的岳父独孤信是一个仪表俊美的男子，他善于骑马射箭，也喜欢用各种服饰饰物来装扮自己，他衣服的颜色常常和众人不一样，在军中，将士们都叫他"独孤郎"。

独孤信在秦州时，一次，他外出打猎，傍晚时分才骑马入城，因路途奔波，进城时，他的帽子带歪了。谁知，第二天，不论是官吏还是百姓，都学他的样子，将帽子歪着戴。

独孤信家世显赫，出身于贵族世家，但到独孤信这一代的时候，已经家道中落，恰巧又遇到了北方六镇起义，战争风暴席卷北魏，独孤信便决定参军报国，开始了他一生的戎马生涯。

他参加过葛荣的河北起义军，后来又归附官府，北魏大权被高欢掌控后，他投奔了同乡宇文泰，此时的宇文泰已是关陇的统领，在长期的刀光剑影中，独孤信屡立战功，官位也越升越高。

独孤信风度高雅，学识渊博，有奇谋大略。很快，他就成了宇文泰重要的帮手，宇文泰开辟霸业初期，只有关中之地。陇山以西地势优越，宇文泰便派独孤信前去镇守，独孤信恪尽职守，以礼义教化百姓，鼓励农耕，受到民众爱戴，声威远震邻国。

代理朝政得天下

建德元年（572年）四月二十一日，北周武帝宇文邕立长子宇文赟为皇太子，杨丽华为太子妃。宣政元年（578年），宇文邕去世，宇文赟继位，是为周宣帝，杨丽华成为皇后，杨坚的地位也跟着直线上升，先后任上柱国、大司马、右司武等要职。周宣帝每次出巡，都会将朝中事物交给杨坚处理。

周宣帝是个暴虐荒淫，不恤政事的皇帝。周武帝在世时，对他的管教很是严格，有时候甚至会派人监视他的言行举止，稍有犯错，便会提出严厉的批评，为此，周宣帝没少挨打，因此，他对父亲很是不满。

周武帝去世后，周宣帝面无哀戚，只是用手抚摸着身上的杖痕，对着武帝的灵柩大喊道："你早该死了！"武帝居丧期间，周宣帝兴奋地在宫中到处游玩，甚至明目张胆地调戏父亲后宫中的妃嫔，史书记载："宣帝初立，即逞奢欲。"

武帝刚刚下葬，周宣帝就命百官脱掉孝服。京兆丞乐运觉得不妥，便上奏说："先帝的安葬日期就安排的过于急促，现在，葬礼刚刚结束，就除去孝服，未免太过急切了。"对此，周宣帝并没有理睬。

当时，齐王宇文宪位尊权重，周宣帝对他很是猜忌，便对大臣宇文孝伯说："你能帮我除去齐王，我就将他的官位封给你。"宇文孝伯沉静正直，他沉思了一会儿，随即说道："先帝在遗诏中曾说过，不得滥杀无辜，特别是皇亲国戚，齐王是陛下的叔父，他战功赫赫，为国家立下了汗马功劳。现在，陛下要臣无缘无故的加害于他，那臣岂不成了不忠之人，陛下也就成了不孝之子了。"

周宣帝对宇文孝伯的回答很是不满，从此，他便开始疏远宇文孝伯。后来，周宣帝又与开府仪同大将军于智、郑译等暗中密谋，杀害了齐王宇文宪。宇文宪死后，因找不出罪名，周宣帝便命人将和自己一起密谋的王兴、独孤熊、豆卢绍等人一块处死，最后给定了个聚众谋反的罪名。

除此之外，周宣帝还命人在全国各地大选美女，并下令，凡是未经朝廷挑选的女子，一律不准出嫁，就这样，一批批妙龄少女被送入皇宫，成了周宣帝的玩物。

在众多被选中的美女中，周宣帝对其中的两个特别宠爱，一个是大将军陈山提的第八个女儿陈月仪，15 岁，入宫后被封为德妃；另一个是仪同元晟的第二个女儿元乐尚，也是 15 岁，入宫后被封为贵妃。

一段时间后，周宣帝又将陈月仪封为天左皇后，元乐尚封为天右皇后。不久，周宣帝又将西阳公宇文温的妃子尉迟炽繁强占，封为皇后，加上先前的杨丽华、朱满月，周宣帝一共有五位皇后。

大成元年（579 年）二月十九日，周宣帝嫌每天上早朝太辛苦，下令将皇位传给太子宇文阐，改年号为大象，并自称天元皇帝，封杨丽华为天元皇后。宇文阐当时只有 7 岁，国家大权仍在周宣帝手里。

当上太上皇的周宣帝行为更加怪诞，他自比上帝，改"制"为"天制"，改"敕"为"天敕"，称自己的住处为"天台"。文武百官想要见他，必须事先吃斋三天、净身一天。此外，还禁止人们使用"天、高、上、大"之类的词，姓氏，名字中若有以上文字者一律改正，比如：将高姓改为姜姓，高祖改称长祖。周宣帝还下令，除宫人外，天下的妇人们皆不准涂脂抹粉。后他又命人大肆装饰宫殿，并滥施刑罚，百官们敢怒不敢言，北周的国势日渐衰落。

大象二年（580年）五月二十四日，荒淫无道的周宣帝去世。年仅8岁的周静帝无法执政，刘昉、郑译便与众大臣合谋推举随国公杨坚出面主持政务，皇太后杨丽华虽对父亲执政心存戒心，但为了不让皇权落入他人之手，也只好同意。就这样，杨坚成为丞相，开始总揽朝政。

杨坚控制了北周的政权后，开始大刀阔斧进行改革，"大崇惠政，法令清简，躬履节俭，天下悦之"，朝中大臣和百姓们对他很是赞赏，杨坚也因此得到了北周统治集团中汉族官僚的支持和拥护，但朝中仍有一部分势力对杨坚执政很是不满，相州（今河南安阳）总管尉迟迥、益州（今四川成都）总管王谦、郧州（今湖北安陆）总管司马消难等先后率兵反抗，杨坚积极调动兵力镇压，并借故将北周宗室诸王囚禁，后又全部处死。至此，他终于完成了夺取北周政权的准备工作。

紧接着，杨坚开始了自己的下一步计划，也就是篡位。大定元年（581年）二月十三日，宇文阐宣布将皇位禅让给杨坚，自己居于别宫。

杨建登基，定国号为大隋，改元开皇，北周至此灭亡。宇文阐被杨坚封为介国公，车服礼乐仍允许享有北周天子的待遇。开皇元年（581年），杨坚派人秘密杀死了9岁的宇文阐。

局势分析

北周又称后周，由西魏权臣宇文泰奠定国家根基，其子宇文觉正式建立起北周政权。北周政权持续了24年，先后由5位皇帝统治，其中周武帝宇文邕拥有雄才大略。

宇文护是宇文泰的侄子，早年跟随宇文泰南征北战，建立了不少功勋，此人能征惯战且心狠手辣。新帝宇文觉很早就对他的专横产生了不满，打算发动政变将其除之，不料被宇文护发现，不久，宇文觉便被宇文护毒杀。

但是敢闯敢杀的宇文护并无大智谋，也不懂治国安邦之道，以至于他在弑君之后不敢称帝，而是立了宇文泰长子宇文毓为帝。据记载，宇文毓是个聪明睿智的人，但是登基没过多久也被宇文护杀死。年仅17岁的宇文毓临终前口头传谕，将皇位传于兄弟宇文邕。

宇文邕是宇文泰的第四个儿子，性格深沉，识见宏远，即位时也不过18岁，史称北周武帝。刚登上皇位的宇文邕知道自己无法对抗穷凶极恶的宇文护，便将军政大权交给他，苦心隐忍了十几年，积蓄力量。公元572年，宇文邕趁宇文护觐见太后的机会联合兄弟宇文直发动政变，亲手杀了这个仇人，并将其党羽剿灭。政变后，宇文邕改国号为建德，对北周进行了一系列的改革，国力逐渐强盛，统一北方的计划被提上了日程。

北齐自开国君主死后昏君辈出，国内政治腐败，政权更显不稳。北齐后主高纬对乐理颇有研究，但却没有治理国家的才能，是中国历史上著名的昏聩之君。高纬在位期间，经常扔下朝政事务与后宫嫔妃和宫女纠缠在一起、肆意妄为。

公元577年，北齐都城邺城被周军攻破，后主高纬带着宠妃和儿子出逃，之后被抓。自此，北齐灭亡，中国北方重归一统，黄河流域和长江上游地区被划为北周领土，为日后隋的统一奠定了基础。

北齐亡国后不久，北周武帝宇文邕就因病去世。皇太子宇文赟继位，昏聩的宇文赟不思进取，整日过着荒淫的生活，也正是因为他，北周最后走向了灭亡。

说点局外事

《北史》中记载杨坚"皇考美须髯，身长七尺八寸，状貌瑰玮，武艺绝伦；识量深重，有将率之略。"也就是因为这张"龙颜"，差点为他招来杀身之祸。

齐王宇文宪很早就注意到杨坚，一次，他对武帝宇文邕说："普六茹坚相貌非常，臣每见之，不觉自失，恐非人下，请早除之。"其实，宇文邕很早就对杨坚存有疑心了，现在，听宇文宪这么一说，对杨坚的顾虑也加深了。

但对是否就此铲除杨坚，他还是有点犹豫不决，于是，便找来钱伯下大夫来和商量此事。来和好相术，他心中知道杨坚不凡，但迫于杨坚的势力，想给自己留条后路，便对宇文邕说："陛下尽管放心，杨坚这人忠诚朝廷，是个可靠之人，而且杨坚有勇有谋，陛下如果封他为大将军，让他率兵攻打陈国，那就不愁有攻不下的城防。"这次，杨坚又幸运地避免了一场杀身之祸。

不料，宇文邕心中还是放心不下，他暗中找来相士赵昭，请他偷偷为杨坚看相。然而，他没想到的是，杨坚与赵昭私下交情很好。

赵昭当着宇文邕的面，佯装仔细观察杨坚的脸庞，然后对宇文邕说："陛下您多虑了，从相貌来看，杨坚只是个平凡的普通人，无大富大资可言，最多也只能做个大将军。"杨坚又逃过一劫。

不久，内史王轨又对宇文邕说："杨坚貌有反相。"言下之意是要武帝尽早除掉杨坚，但这时的宇文邕已经对相士赵昭的话深信不疑了，他不悦地说："如果这真的是天命所定，那还有什么办法去改变吗？"杨坚再次化险为夷。

宣政元年（578年），宇文邕因病去世，皇太子宇文赟即位，杨坚的大女儿杨丽华成为皇后，杨坚被晋封为柱国大将军、大司马。

宇文赟暴虐荒淫，他对杨坚的猜忌心更大，曾直言不讳地对杨丽华说："总有一天，我一定会消灭你们全家。"

一天，宇文赟在皇宫四处埋下杀手，并再三叮嘱说："若发现杨坚有一点无礼声色，即杀之！"随即，他召杨坚进宫，议论政事。奈何，杨坚心中早有准备，不管宇文赟如何蛮横的激怒他，他都神色自若，从容对答，化险为夷，宇文赟无杀机可乘，只好收手。

杨坚深知宇文赟的顾虑，一番思虑之后，他找到了好友内史上大夫郑译，让其向宇文赟表示自己有出藩之意，宇文赟当即就同意了，命杨坚为亳州总管。这下，宇文赟放心了，杨坚的危机也暂时免除了。

做亳州总管期间，庞晃曾劝杨坚起兵，建立帝王之业。杨坚婉拒了，他握住庞晃的手说："现在还不是时候呀！"可见，那时，杨坚就有了取而代之的想法。

宣帝宇文赟整日沉溺酒色，荒废朝政，满朝文武心有不满，却敢怒不敢言。

大成元年（579 年）二月十九日，宇文赟将皇位让给了自己 6 岁的儿子，做起了天元皇帝，终日与嫔妃宫女厮混于后宫，荒淫无度的生活过早消耗了他的健康，没过多久，他就去世了，年仅 22 岁。

确立三省六部制

中国地大物博，自古以来就是一个幅员辽阔的国家。在古代，生产力低下，交通、通信条件十分落后，在这样的情况下，朝廷想要对如此庞大的一个国家进行管理是十分不易的。

隋文帝杨坚登基后，隋朝日渐呈现出欣欣向荣的态势，整个社会由战乱逐渐转向了安定和谐，民生得以恢复，耕地、商贸再次成为民间发展的主体。这时，隋文帝结合当时国情，建立了三省六部制。这种制度贯穿整个封建社会，一直沿用到清朝末期。

北周时期，官僚体制并没有再做更新，大体上依旧效仿西周时期的《周官》即《周礼》的形式，采用六官制。《周礼》记载，周有六官（即天、地、春、夏、秋、冬），也被称为六卿，即：冢宰、司徒、宗伯、司马、司寇、司空。冢宰也就是宰相，中国古代最高的行政长官，总揽政务，辅佐皇帝，统率百官；司徒总管土地和人民；宗伯则负责王公贵族的一些事

务；司马管理军事；司寇负责刑法；司空管理国家公共工程。六官制是很原始的制度，积久弊生，称谓复杂，职掌不明，办事效率也极其低下，非常混乱。

隋文帝也深知这种制度的弊端，他执政后，便按照内史崔仲方的建议，废除了六官制，重新制定了以三省六部为核心的朝政机构。《隋书·百官志》中记载："高祖既受命，改周之六官，其所制名，多依前代之法。置三师、三公及尚书、门下、内史、秘书、内侍等省，御史、都水等台……朝之众务，总归于台阁。"隋朝官制的最大特点是，基本上恢复了汉魏时期的体制，并将其规范化、固定化。

隋文帝在中央设立了三师、三公、五省。三师为：太师、太傅、太保，是"训导之官也"；三公为太尉、司徒、司空，是"论道之官也"，它们名义上是最高的官职，其实只是一种荣誉虚衔，并无实职实权，常常被作为"赠官"赐予有功的大臣。

五省指的是内侍省、秘书省、门下省、内史省和尚书省，它才是真正的掌权者。其中，内侍省是宫廷中的宦官机构，负责管理宫中的日常事务，长官为内侍，副长官为内常侍，隋朝初期大多是由宦官担任，隋炀帝时，将内侍省改为长秋监，正、副长官为长秋令、少令，这些职位都是由士人担任，低级役使人员依旧使用的宦官；秘书省掌管宫中的书籍历法，负责宫内一些图书秘籍的收藏与整理，主管为秘书监，副主管为秘书丞，下属有秘书郎、校书郎、正字等，工作比较清闲，因此，这两省在国家政务中不起作用。

主管国家政务的主要是内史省、门下省、尚书省，这三省是国家的最高政务机构。以尚书令、纳言、内史令为长官，三省分工明确，行使的是宰相职能，辅助皇帝处理国家大事，

内史省负责起草并宣布和施行皇帝的命令；门下省的主要任务是对内史省起草的制诏和尚书省拟制的奏抄进行审议；尚书省则负责执行，三省制后来被唐朝继承并沿用。

作为国家的最高行政机关，尚书省下面设有六部，分别是吏部、礼

部、兵部、都官、度支、工部。每个部门设有尚书为长官，负责管理本部政务。

六部的具体职责分别是：吏部，掌管全国官员的任免、升降和调动；礼部，掌管国家的祭祀、庆典、礼仪和外交；兵部，掌管全国的军械以及武官和士兵的选拔，兵籍等；都官，掌管国家的刑律、断狱等；度支，掌管全国人民的户籍，以及土地、赋税和财政收支；工部，掌管各种建筑工程，包括工匠、水利、交通等。

起初，六部被称为六曹，指的是6个办事机构，六部的长官被称为尚书，尚书令下面还有左、右仆射各一个，左仆射负责吏、礼、兵三部事，右仆射负责度支、都官、工部三部事。尚书令与六部尚书及左、右仆射合称为"八座"。

开皇三年（公元583年），隋文帝对六部做了一些变动，原来的度支被改为民部，都官则改成了刑部。

在三省六部之外，隋文帝还设立了御史、都水二台，掌管监察和水利，这样做一来加强了中央集权，二来中国封建社会政治体制也进入了一个新的阶段。

隋文帝还根据北周之制，新设了"勋位"十一等，即上柱国、柱国、上大将军、大将军、上开府仪同三司、开府仪同三司、上仪同三司、仪同三司、大都督、帅都督、都督等，作为有功之臣的酬劳。隋朝规定，在朝中有具体职责的官员被称为"职事官"，没有的被称为"散官"，为此，隋文帝专门设立了特进、左右光禄大夫、金紫光禄大夫、银青光禄大夫、朝议大夫、朝散大夫等散官称号，以加封那些品德高尚，有声明却实际职务的散官。

三省六部制最大的特点就是：分散了丞相及中央机构的权力，将相权"一分为三"，三省互相牵制。尚书省被分为六部，不仅限制了地方割据势力的产生和发展，还推动了部门牵制与机构运转。三省六部制分工明确，架构清晰，组织严密，有效地加强了皇权。

隋文帝创立的这一套官僚机构，规模庞大、组织完备，对隋朝以后的历代封建王朝都产生了深远的影响，也间接表明了封建制度已发展到成熟阶段。

许多历史学家认为，三省六部制的确立是封建社会高度发展的一个标志。该制度多向利国。首先，三省六部制加强了封建的中央集权统治，使得皇帝的贴身侍从以及负责起居、私事的官吏和朝廷分隔来开，免除了宦官乱政的后顾之忧；其次，该制度加强了封建官僚机构的设置，使得各官归各位，分工合理明确，朝臣各司其职；最后，封建上层制度体系的确立，还惠及了百姓，让各地方官吏不敢越界管理，也侧面减少了官官相护之风。

局势分析

隋文帝登上皇位之后，"勤于为治，每临朝，或至日昃（ze，太阳西斜）"，为了使新建立的隋政权得到巩固和发展，推进隋朝的发展，隋文帝在政治方面进行了一系列的革新。

在行政制度方面，为了加强朝廷的权力，在即位之初，隋文帝便废除了北周时所用的官制，并命苏威等人，将汉魏以来的官制加以综合，重新制定新的制度。在朝廷设五省，即：尚书、门下、内史、秘书、内侍；设十一寺，即：御史、都水二台，大常、光禄、宗正、太仆、大理、鸿胪、司农、太府、国子、将作等；政权所寄，主要在三省，三省长官共同参与军国大事，定令立法，担任宰相的职务。自此，三省六部制度便就此确立起来了。

在地方，隋朝初年，因"或地无百里，数县并置；或户不满千，二郡分领"导致"民少官多，十羊九牧"的局面，沿袭的依旧是前代的州、郡、县三级制。

开皇三年（583年），杨尚希向隋文帝建议，将郡级机构废除，并省州县，裁减冗官，隋文帝同意了。新政策实行后，大大提高了行政效率，还为国家减少了开支。至此，"大小之官，悉由吏部"，地方各级官吏，全部由尚书省的吏部负责选任，"执政参吏部之职，吏部总州郡之权"，加强了中央对地方的控制。

说点局外事

除三省六部制外，隋文帝还下令对礼乐做了整顿。皇帝祭天地众神，或者祭拜祖先及占卜国家吉凶时都会用到礼乐，礼乐文明在中国文化中有着重要的地位，它和人类文明的演进是同步的，对数千年的中华文明产生了重大而深远的影响，直到今天都有着强大的生命力。

自孔子以来，儒家便以议礼乐为专掌，并通过长年的累积，编著出繁缛的学说；朝廷采用礼乐，与治国安邦并无关系，但丢弃了它，便不能称其为中国皇帝。礼乐有精神上的作用，历代封建王都会以礼乐的精神内涵来治理国家，隋文帝虽然不崇尚儒学，但对礼乐却非常重视。

东晋和南朝，虽然偏安于长江流域，但北方统治者心里明白，南方才是华夏正统。魏孝文帝力求华化，恰巧有一位南齐高级士族王肃逃离到北魏。魏孝文帝对他很是敬重，请他仿照南朝，为魏国兴礼乐，定制度。

北齐后主高纬，专命大臣薛道衡与诸儒修订五礼，若按当时的儒学水平来说，齐礼稍逊于梁礼。在南朝和山东儒生看来，宇文泰命苏绰、卢辩所修订的周礼，都是些陋儒的杜撰，和正统礼乐相差甚远。隋文帝时，为了恢复华夏正统，废弃了周礼，以梁礼和齐礼为参照，修订了隋礼。

公元581年，隋文帝下令，在祭天地、祭祖先时，冕服必须依照《礼经》，即：采用北齐冕服。公元585年，礼部尚书牛弘奉隋文帝的命令开始修订五礼（吉、凶、军、宾、嘉），但由于牛弘等人不精通音乐，议定雅乐，积年不成。公元589年，隋灭陈，得到了南朝的旧乐器及乐工，命人演奏后，隋文帝高兴地赞叹："此华夏正声也。"

牛弘向隋文帝建议，中国的旧音乐大多数都在江南一带，梁、陈乐合于古乐，建议修补以备雅乐。魏、周乐很多都掺杂有塞外声音，应停止演奏。公元593年，雅乐成。

公元 602 年，隋文帝又命杨素、苏威、牛弘等修订五礼，这次参与修订的人选中，有一部分南方士族，例：许善心、虞世基、明克让、裴政、袁朗等，随礼中很大一部分采用了梁礼。

隋文帝并不懂礼乐，他修订礼乐的目的，只是为了从南朝接收华夏正统的地位。

改革地方官制

隋朝在中央实行三省六部制后，在地方官制上也做了改革，这些改革符合社会发展的需要，推进了隋朝的经济发展，其中有不少制度被继往的唐朝所采用延续。

在秦汉时期，地方实行的是郡县制。秦将全国划分为三十六郡（后来增加至四十余郡），实行郡县二级制，每个郡统辖若干县。郡设有行政长官，为"守"，下置"尉"，掌管郡之军事，又设有监御史，掌管郡之监察。县分为大小二等，大县设有"令"，小县设有"长"，作为行政长官。下设"尉"，掌管县中的治安，又设"丞"，佐令，执掌仓储、刑狱和文书。郡县行政长官全部由皇帝直接任免。

汉初，大体上依旧沿袭的秦制，只是将郡守改为了太守，郡尉改成了都尉，各诸侯王国实行的官制与中央大体上一致。汉武帝时，将全国划分为十三州（又称部），每个州设有刺史，负责巡察诸郡、国。

东汉末年，地方权力不断扩大，为了抑制这种现象，增加了刺史或州牧，直接归丞相管辖，以制约太守，州、郡、县三级行政制度至此形成。

魏晋南北朝时期，地方政权大体上仍沿袭东汉的州、郡、县三级制度，州的长官负责管理一州之民政，被称为州牧或刺史，县的长官则改称为县令。有的州长官会被加以"使持节都督某州军事"或"假持节都督某州军事"之头衔，总揽本区的军政，这样的人往往权势很大。

《隋书·地理志》中记载，隋文帝登基后，隋朝的地方行政机构十分庞大，有州 201 个，郡 508 个，县 1124 个，出现了"或地无百里，数县并置；或户不满千，二郡分领"的局面，形成了"民少官多、十羊九牧"的地方行政机构。

大臣杨尚希认为天下州郡过多，不好管理，且地方设置官员众多，耗费太大，于是向隋文帝建议"存要去闲，并小为大"，隋文帝采纳了。

开皇三年（583 年），隋文帝下令对地方行政机构进行精简整顿，将郡撤销，改为州、县二级制，以州直接统辖县。州内依旧设刺史，县设县令，县下设保长、闾正、族正。同时，隋文帝还下令将一些郡县合并，裁汰冗官，这样一来能为朝廷节省开支，提高行政效率；二来也为百姓们减轻了负担。

为了加强中央集权，控制地方，隋文帝下令：九品以上的官员全部要由朝廷任免；官员的任用权由吏部掌握，地方官没有就地录用官吏的权力；此后，每年都会对官员进行考核，以此来决定奖惩、升降，具体事宜由吏部负责。

这一措施的实施，废除了汉代以来州郡长官可以随意任用官吏的制度，大大加强了朝廷对地方的控制。州郡长官根据自己的意愿任用官员，是导致地方割据势力的一个重要因素。有的官员之间，由于长期存在着依附关系，常常置国家利益于不顾，唯主之命是从。

后隋炀帝登基后，除州县外，隋朝在地方还有两类机构，一是行台省，全称为行台尚书省，长官为尚书令，次官为仆射（有左、右两人），总管军政事务，权力极大；二是总管府，隋朝初年，沿袭北周的旧制，在各州设有总管府，分上、中、下三等。大业元年（605 年），隋炀帝将总管府废除，但这项制度仍对唐朝的地方官制有一定的影响。

总体而言，隋朝的地方官制在编制上有了大幅度的减少，改变了南北朝时期地方行政机构紊乱繁杂的局面，加强了中央集权，扩大了政权基础。

局势分析

隋文帝对贪官污吏深恶痛绝，在整饬贪官方面，他主要采取了两个方法：一个是监督，另一个是"钓鱼"。

从监督上来说，隋文帝下的功夫可不小。《隋书》中记载道，隋文帝曾安排身边的亲信"密查百官"，一旦发现有官员贪污腐败，立即上报，严惩不贷。此项措施有两个好处：第一，隋文帝可以及时掌握到官员贪污的一手资料；第二，避免了官员之间因贪污而相互勾结。

这个方法实施后，效果极佳。隋文帝根据贪污情况进行汇总，曾一次性罢免了河北（此处指黄河以北，并不是现在的河北省）52州的200个贪官。

此外，隋文帝还派人向一些有贪污嫌疑的官员行贿，若其中有人受贿，便证据确凿，其贪污的罪行也就成立了，这也就是所谓的"钓鱼"。没想到的是，此措施实施后，"上钩"的官员还不少，例如：晋州刺史贾悉达、显州总管韩延等人，就是"以贿伏诛"。

这个方法的高明之处就在于：它能在大臣们中间形成一种氛围，让那些贪污的官员整天如芒在背，分不清向自己行贿之人是皇帝派来的，还是自愿上门的，隋朝初年的贪腐之风也因此得以抑制。

说点局外事

除惩治贪官外，隋文帝还对一些良吏进行了奖赏。据说，在开皇年间，齐州有个小官名叫王伽，他执法认真，关爱百姓，在齐州一带享有盛名。隋文帝听说后，特意召见了王伽，给予了他丰厚的奖赏，并下令命全国官员以王伽为榜样，以诚待民。

新丰县令房恭懿，为人清正，政绩显著，隋文帝知道后，对他颇为赞赏。当时，每个月初一，雍州所属县令都会入朝觐见天子，隋文帝见到房恭懿后，非常高兴，把他叫到坐榻前，和他一起讨论治理地方的方法，并对各州官员说："房恭懿恪尽职守，一心为民，大隋王朝能有这样的官员是我的福气，我将他提拔为刺史，大加赏赐，不仅仅是为了一个州郡，而是想让全国各地官员以他为榜样，廉洁奉公，爱护百姓。房恭懿被百姓们视为'父母'，我如果视而不见，就会遭到祖先和百姓们的谴责，你们都应该理解我的心意。"

在隋文帝的激励下，各地官员大多能做到忠于职守，勤政爱民，百姓们的生活有了很大的改善。

《开皇律》的修订

北周的法律残酷，而且很是混乱，"内外恐怖，人不自安"。隋文帝登上皇位后，立即开始着手开展立法活动。开皇元年（581年），隋文帝命大臣高颎、郑译、杨素等人"更定新律"，"多采后齐之制，而颇有损益"，改革以往的律令。

不久，新律令被制订出来，隋文帝予以肯定，说道："帝王作法，沿革不同，取适于时，故有损益。"并立即下令予以颁行。

开皇三年，由于第一次的改革并不完善，隋文帝下令对律令进行第二次改革，并要求：此次制定律令时，要本着"损益"的原则，"采魏、晋刑典，下至齐、梁，沿革轻重，取其折中"，进行范围更广、程度更深的改革。这一次的律令改革总结了魏晋南北朝以来的立法经验，并吸取了《北齐律》"法令明审，科条简要"的优点，最后制定出对后世律法影响深远的《开皇律》。

《开皇律》一共有12篇，分别为：名例律、卫禁律、职制律、户婚律、厩库律、擅兴律、贼盗律、斗讼律、诈伪律、杂律、捕亡律、断狱律。

名例律是指制定罪名和量刑的通例；卫禁律制定的主要是关于保护皇帝人身安全和国家安全的内容；职制律主要规定了官员的设置、选任；户婚律是关于户籍、赋税、家庭和婚姻方面的法律；厩库律是对养护公、私牲畜的规定；擅兴律是擅权与兴兵，主要是关于兵士征集、军队调动等方面的内容，它的目的是确保军权掌握在皇帝手中；贼盗律指的是对国内严重犯罪的严刑惩处；斗讼律是惩治斗殴，维护封建诉讼的法律；诈伪律是打击欺诈和伪造的律条；杂律，不适合其他律条篇目的都在此规定；捕亡律是惩处、追捕逃犯逃兵等方面的法律；断狱律对审讯、判决、执行和监狱管理等方面做了规定。

《开皇律》的篇目体例大体上是根据《北齐律》所编，但在内容上要比其简单明了。相较于《北齐律》里 949 条定罪，《开皇律》里的定罪只有 500 条，而且是"刑网简要，疏而不失"，刑罚一共制定了 5 种（死刑、流刑、徒刑、杖刑、笞刑）20 等；死刑主要有绞、斩两种；流放服刑规定不超过 5 年；杖刑分为 60 ～ 100 共 5 等，若百姓有冤屈必须按级上报朝廷。

在《开皇律》里，鞭刑、枭首、裂刑等几种酷刑被废除，对百姓的压迫，较之北周的刑罚有所减轻，亦被后世王朝所沿用，为唐朝及其以后的各代法典打下了基础。

《开皇律》是一部封建制法律，它承袭了前朝法制的发展经验，删繁就简，使封建法典更加完善、规范，为我国封建法律的定型化做出了重大贡献，标志着中国古代立法技术的进步和成熟。

《开皇律》在中国法制发展史上有着重要的地位，是我国法制史上的一大进步，同时，它也是隋朝立法的最高成就。书中的很多制度都被后世的唐律直接继承，甚至被后来的宋、明、清各朝所沿用，但从根本上来说，隋文帝制定《开皇律》是为了维护封建统治阶级的利益，因此，就算制定法律，官僚贵族阶级依旧享有特权。

局势分析

为稳定社会、加强统治，隋文帝将"以德代刑"作为治国方略，并认为"刑可助化，不可专行"，当他发现国内断狱（审理和判决案件）的数量高达上万件时，便命众大臣删繁就简，重新修订律令，《开皇律》就是在这样的情况下诞生的。《开皇律》中，减少死罪八十一条，流罪一百五十四条，徒、杖等罪一千余条，定留的只有五百条。

《开皇律》的修订，基本上贯彻了"以轻代重，化死为生"的指导思想。较之前代，《开皇律》中废除了很多酷刑，充分体现了隋文帝较为开明的立法思想，在一定程度上也抑制了以往各朝刑罚的野蛮性，后隋文帝又特别下诏将孥戮相坐之法和宫刑废除，这是隋朝立法上的一大进步。

古代刑罚之中最残酷的莫过于肉刑，而肉刑之中最惨痛的莫过于宫刑。宫刑也叫腐刑，它不仅伤害人的身体，更践踏了人的自尊，遭受过宫刑残害的司马迁曾悲愤地说道："诟莫大于宫刑"。以往各朝，曾有过废除宫刑之举，但总是反反复复，最终并没有执行下去，直到隋朝，宫刑才被彻底废除。

此外，隋文帝的立法思想还表现在律令的实施上，他多次向大臣们提出，在给犯人定罪时要谨慎，"命诸州囚有处死，不得驰驿行决"，还特地下令说："天下死罪，诸州不得便决，皆令大理复决。"同时规定"诸曹决事，皆令具写律文断之。"

开皇六年，隋文帝命各州长史以下、行参军以上的官员学习律法，并定期到京城考试。后又下令"申饬四方，乃诣阙申诉。有枉屈县不理者，令以次经郡及州，至省仍不理，及诣阙申诉。有所未惬，听挝登闻鼓，有司录状奏之"。犯人们有了申诉的权利，若有冤案，可按级上诉，直至朝廷，减少了冤屈枉滥的发生。

隋朝统治前期的法治还是比较完善的，这对社会和经济的发展有很大的促进作用。

说点局外事

在我国古代，统治者的权力是至高无上的，他可以通过诏、敕、诰等方式来下达命令，随自己的意愿去处理一些人或事，但法律的颁布却在一定程度上维护了社会秩序。

隋文帝在北周从政多年，深知严刑峻法的弊端，因此，建立隋朝后，便决定以轻代重，根据实际情况，制定了比较开明的开皇律、令、格、式。《开皇律》继承了魏晋以来各法律条例中的精粹，并在此基础上加以改革，将封建法典的体例和内容加以完善。

不过，《开皇律》刚颁布后，隋文帝还能按律法办事，但没过多久，便因为求治心切，朝令夕改，还总是在法律之外随意行事。

比如，有一次，隋文帝因为盗贼太多，下令：凡是在边疆地区偷盗军粮的，超过十一升，全部处死。后又因为京城治安太差，下令：凡是到官府告发强盗的，抓获强盗后，以其家产充赏。

除此之外，隋文帝还常常在朝堂之上责打大臣，有些官员犯错，会被立即处以死刑。开皇十年（590年），经过群臣们的力谏，隋文帝才同意将朝堂之上的刑具撤走，然而，一段时间后，文帝发怒，又想打人，由于找不到刑具，便下令用马鞭代替刑具，将人活活打死。开皇十七年（597年），隋文帝更是将这种方法推广到各级官府机关，下令各级官员可以责打下属。

隋炀帝时期，法律被完全架空。他恢复了北周和北齐的各种酷刑，并规定：凡是逃避赋役者，一旦抓获，立即处死。盗窃罪不分大小，被抓获者，无需上报朝廷，一律处死，财产充公。到了隋末，已经没有法制可言了。

刘昉谋反

隋朝建立后，天下并没有就此太平。一方面，隋文帝要随时防范突厥的骚扰，同时，做好攻打南陈的准备；另一方面，隋文帝刚登基，朝中人心不稳，他不得不时时小心朝廷内部的各种阴谋。刘昉逆谋事件就是在这个时候爆发的。

刘昉和郑译是周宣帝宇文赟的两大宠臣，宣帝死后，刘昉开始为自己的未来打算。宣帝的儿子周静帝只是个七八岁的孩子，为了保证自己以后的荣华富贵，刘昉私下和郑译开始密谋，决定把杨坚推到前台，在他们二人的策划下，杨坚顺利成为了辅政大臣。

成为辅政大臣后，杨坚手握军政大权，任命郑译为丞相府长史，刘昉为司马。后来，杨坚又给两人分别封了爵位，刘昉为黄国公，郑译为沛国公，"出入以甲士自卫，朝野倾瞩"，并赏赐给二人众多金银财宝。

然而，朝中很多北周大将对杨坚辅政很是不满，不久，相州总管尉迟迥、青州总管尉迟勤等人联合在一起起兵造反，危急时刻，杨坚决定派刘昉与郑译前去平定叛乱，谁知，刘昉说自己从没当过将领，郑译也以母亲年事已高为由推脱不去，杨坚心中很是愤怒，但也无可奈何，只好另派大将韦孝宽前去平叛，幸运的是，最后叛乱被平息了，叛军头目尉迟迥兵败自杀。

只是，从这之后，杨坚对刘昉、郑译二人的态度冷淡了很多。公元581年，杨坚自立为帝，仅封刘昉为柱国、舒国公，郑译为上柱国、沛国公。

郑译对自己的官位不甚满意，整天求神拜佛希望能重新得到隋文帝杨坚的重用；刘昉也嫌隋文帝给自己封的官位太低，并为此愤愤不平。《隋书·刘昉传》记载：开皇初年，天下遭遇旱灾，饿殍遍野，连京师也闹起了饥荒，隋文帝颁布禁酒令，并命官员组织救济灾民，刘昉却在这时租赁店铺，命婢女们卖酒赢利。

侍御史梁毗将这件事上报给隋文帝，文帝考虑到隋朝刚刚建立，立国不稳，现在斩杀朝廷重臣怕会引起更多祸端，而且，自己能顺利推翻北周，建立隋朝，刘昉也有着不小的贡献，思前想后之下，隋文帝最后只是命刘昉关闭店铺，并没有治他的罪。

没想到，文帝的隐忍却使刘昉变得更加猖狂，一段时间后，他便与散骑常侍卢贲、上柱国元谐、李询、华州刺史张宾等暗地里互相勾结，密谋将高颎、苏威等人除掉，由他们五人共同辅政，并把太子杨勇废掉。

不久，事情败露，百官们奏请按律法行事，应将主谋卢贲、张宾处死，隋文帝却只是以"龙潜之旧，不忍加诛"为由，将两人罢免官职，贬为平民。对刘昉，隋文帝依旧没有追究。

只是，"江山易改，本性难移"，隋文帝的好意，刘昉并不领情，反而更加肆无忌惮起来。这次事件刚平息不久，刘昉又开始与梁士彦、宇文忻进行了一次密谋活动。

梁士彦骁勇善战，早在北周时就已经战功累累，后在平定尉迟迥之乱时，又亲自任前锋，率兵攻下了邺城北门，立下首功，战乱平息后，被杨坚封为相州刺史。不过，杨坚对梁士彦颇为顾忌，不久便把他召回京师，削去兵权。

宇文忻，北周著名将领，"年十二，能左右驰射，骁捷若飞"，在平定尉迟迥之乱中，立有战功，被杨坚任命为上柱国，封英国公。隋朝建立后，杨坚因为忌惮宇文忻的威名，找了个借口将他罢免官职，遣归于家。

梁士彦私下与刘昉来往密切，刘昉常常会去他府中做客。梁士彦有个年轻漂亮的妻子，一来二往，便与刘昉勾搭成奸，有了这层关系，她便常常给梁士彦吹枕边风，夸奖刘昉。梁士彦对刘昉的好感倍增，后又与刘昉、宇文忻一拍即合，准备推翻隋文帝，立梁士彦为帝。

对刘昉和妻子的私情，梁士彦并不知道，见刘昉频繁地光顾自己的府邸，还觉得是人家抬举他。实际上，刘昉私下里有着自己的打算，他计划借助梁士彦的力量除掉隋文帝杨坚，然后自己再背后插刀除掉梁士彦，自立为帝。一次，他曾经对人解说自己的名字："姓是卯金刀，名是一万日，应王为万日天子。"可见，刘昉的野心从很早起就埋下了。

经过一番密谋，三人决定等隋文帝杨坚外出祭庙时，暗中率仆人行刺，但考虑到杨坚现已经是九五之尊，身边高手如云，守卫森严，无从下手，因此，这个计谋很快便被三人否定了。

不久，三人又决定在蒲坂（今山西永济市）起事，蒲坂位于山西省西南端，是晋、秦、豫"黄河金三角"的中心。刘昉让宇文忻在长安潜伏做内应；梁士彦则等他在蒲坂起事后，率领家丁在关内接应，并招募周围的盗贼为战士，最后两军联合，攻下晋阳做根据地。

梁士彦的外甥裴通见三人整天躲在屋子里讨论，觉得奇怪，一天，乘没人注意时，他便偷偷地躲在窗外，听到屋里的谈话后，裴通吓出了一身冷汗，立刻将三人谋反的事告诉隋文帝杨坚。

隋文帝不但没有声张，反而将梁士彦提拔为晋州刺史。梁士彦喜出望外，兴奋地对刘昉和宇文忻二人说："连老天都在帮助我们呢！"他又向隋文帝上奏，请求立自己的心腹薛摩儿为晋州长史，隋文帝同意了。

正当三人弹冠相庆，得意忘形的时候，隋文帝却早已派人秘密调查他们反叛一事。等证据收集的足够充分时，文帝便借着为梁士彦饯行的机会，召百官上朝，并当众宣布了三人的罪状。

面对着突如其来的变故，三人说什么也不肯认罪，隋文帝命人将薛摩儿带上大殿，当面对质。薛摩儿将三人谋反的始末全盘托出，大惊失色梁士彦跌足大骂："都是你害死了我！"

刘昉、梁士彦、宇文忻三人被处死，妻妾家产充公。一场在开皇初年发生的谋逆事件就这样被扼杀了。此事让隋文帝非常痛心，他没想到建国之初，就有人想推翻自己辛苦建立起的隋王朝，这个人还是自己一手栽培起来的大臣。

刘昉谋反事件以后，隋文帝开始对朝中那些无才无德，只会以谄媚行事的奸佞小人予以打击。

局势分析

隋文帝终结了中国长达285年的大分裂时代，并开创了对后世有重要影响的开皇盛世。然而，当初把隋文帝杨坚这样一位重量级人物推上历史舞台的，竟是北周"宠冠一时"的佞臣刘昉。

北周宣帝宇文赟病逝时，身边只有大臣刘昉和颜之仪，当时，宣帝病重，已经失去了语言表达能力，这就给刘昉留下了篡改遗诏的机会。杨坚官高且又是国丈，就这样，他被刘昉私自立为辅政大臣，推到了北周权力的制高点上。

刘昉出身于贵族，"性轻狡，有奸数"，尽管被封了爵位，但他依旧整天和富商们厮混在一起捞钱。尉迟迥叛乱时，杨坚心急如焚，刘昉却不愿意上战场，照常饮酒作乐，公事也不顾，杨坚对他失望透顶。

杨坚登基后，给予他丰厚奖赏，让他在家养老，但刘昉依旧心怀不满，总是惹是生非，对他的所作所为，隋文帝杨坚如钉在目，只是碍于他曾帮助自己登上帝位，不愿深究而已。谁知，刘昉后来竟然与人密谋造反。

在政治家隋文帝杨坚看来，谋反之事可比贪污腐败严重得多，这是他所不能容忍的，于是"下诏诛之"。

说点局外事

隋文帝能顺利坐上皇位，刘昉和郑译功不可没，但这两大功臣最后的结局却截然不同。

郑译善骑射，通晓音律，却和刘昉一样贪财好利，不过，郑译和隋文帝杨坚是同窗，后又帮助杨坚夺取北周皇权，隋文帝曾答应他"恕以十死"，所以，他和刘昉的下场并不同。隋文帝发现他收受贿赂，荒废政事后，让高颎代替他原来的职务，并给他安排了个虚职。郑译察觉后，主动请求辞去职务。

尉迟迥叛乱时，郑译以母亲年迈为由推脱不去，实际上，郑译并不是一个孝子，平日里，他和母亲也不住在一起，且很少去看望她。隋文帝曾说他，活着的时候是不道之臣，死了也是不孝之鬼，到阴间都没地方安置，后又赐给他一本《孝经》，让他熟读，并下令让他和母亲住在一起，以尽孝道。

然而，被隋文帝冷落后，郑译不但不思进取，反而找来道士装神弄鬼。隋文帝知道后，将他除名为民。

不久，国家撰写法律，隋文帝下令将郑译召回，还让他参与修订音律。开皇十一年（591 年），郑译因病去世，得以善终。

隋灭陈统一中国

隋文帝早有削平四海、统一中国之志，建立隋朝后，他就定下了先灭陈朝，后击突厥的策略。

陈朝是中国历史上南北朝时期，南朝的最后一个朝代。南朝梁太平二年（557 年），陈霸先禅梁称帝，建立了陈朝。

实际上，陈霸先代梁而立是受命于危难之际，攘臂于无望之时。梁敬帝称帝时，只是个 13 岁的孩子，根本没有左右时局的能力，而那时的梁朝已经濒临灭亡的边缘。因此，陈朝的建立，是民情所需，也是时局所迫。

陈霸先生逢乱世，身经百战，称帝后，他面临的是一个百废待兴的江山，政局不稳，战乱四起，经济、文化十分颓败，面对这样的局面，他立即着手整顿，任贤使能，稳定江南局势，恢复经济，如遇战事，只要不是十分紧急，他都不会轻易扰民征兵。陈朝在他的治理下，百姓生活日益安稳，经济文化全面复苏。然而，这样一位有作为的皇帝在位 3 年后便去世了。

陈朝的稳定局面并没有持续多久，到陈后主时，国势日趋衰弱，政治腐败，府库空虚，内部矛盾也越来越尖锐。

陈后主，字元秀，是历史上有名的昏君，登上皇位后，他立即展现了自己的昏晕本色，他生活奢靡，大兴土木，不理朝政，日夜与嫔妃、宫女厮混，很快，政治的腐败引起了军事上的崩溃。

陈宣帝时，为了巩固国防，宣帝特意沿长江流域布置了一条防御体系，至此，从荆、汉到长江出海口，整个长江中下游地区被布置得像铁桶一样，密不透风，虎视眈眈的隋军根本无从下手。然而，到了陈后主时期，他宠信佞臣，排斥忠良，对镇守长江的统兵大将充满猜忌，并将驻守

关键地区的将领召回京城，另派皇亲国戚领兵在外，原来的防御体系被破坏，军中将士人心惶惶。

祯明二年（588年），整个南陈的前线军队基本上已经由陈国宗室掌控，他们不懂军事，整天只会饮酒作乐，以至于原先还有一战之力的陈军，迅速地被腐化败落了。

陈朝政权的腐败引起了隋文帝杨坚的重视，正好这个时候，江陵的南梁政权，投降归附了隋朝，长江上游地区就此落入了隋朝版图，并为隋军攻陈提供了有利的位置。经过与众大臣商议，隋文帝决定出兵征讨陈国。

开皇八年（588年）三月，隋文帝下诏，列出了陈后主20条罪行，并将30万份诏书散发在江南地区，以争取人心。十月，隋文帝封晋王杨广为行台尚书令，全面负责灭陈之事，秦王杨俊、清河公杨素为行军元帅，大将韩擒虎、贺若弼为总管，率兵五十一万八千，分道直取江南。十二月，长江上游的隋军首先向陈朝发起进攻。

开皇九年（589年）正月初一，陈朝军士正在欢度年节，疏于守备，隋将韩擒虎便趁此机会，率五百精兵出庐江至横江口（今安徽和县东南），准备夜渡长江。在夜色及大雾的掩映下，很快，隋军就神不知鬼不觉地渡过了长江，并迅速地攻下了江南重镇采石。

当韩擒虎率兵攻入敌营时，隋军将士仍在醉生梦死，饮酒作乐。韩擒虎等待后继大军渡江接管了采石镇后，便继续率兵东进，一路上势如破竹，又陆续占领了姑孰、新林等南陈重镇。

实际上，在这些战略要地，南陈的守卫军队有的甚至达到上万人，而韩擒虎率领的隋军只有五百人，双方力量相差悬殊，但由于陈军腐败，没有战斗力，往往不出半日，隋军就能成功破城。

韩擒虎一路攻无不克，战无不胜，不久，便到了陈朝都城建康城下，他命将士在城外安营驻扎，等待攻城的良机。

此时，建康城内，陈朝的守卫军队仍不下10万，但陈后主弃险不守，将全部军队都集中在了都城内外。大将萧摩诃向陈后主建议：趁现在隋朝的先头部队孤军深入立足未稳，应立即进行袭击，陈后主拒不采纳，坚决不出兵。

正月二十日，陈后主因为"兵久不决，令人腹烦"，决定孤注一掷，派各军出战。这时候，隋朝大军已将建康城团团包围，陈朝已错过了最佳出兵时机，寡不敌众，必败无疑。萧摩诃和任忠等将领拼死劝谏，陈后主依旧强令各军出战，萧摩诃等人无奈，只能抱着必死的决心出城迎战隋军。

二十日当天，萧摩诃率领毫无准备的陈军出城，准备向贺若弼率领的隋军发起进攻，两军刚摆下阵势，城中就传来陈后主逼奸萧摩诃妻子的消息，怒发冲冠的萧摩诃失望之极，战意全无，放弃了战场的指挥权。经过一天的激战，陈军全线崩溃，主将萧摩诃被贺若弼活捉。

陈后主又派镇东大将军的任忠迎战贺若弼，后陈军战败，任忠兵败而逃，在石子岗遭遇韩擒虎，随即投降。在他的帮助下，韩擒虎率军长驱直入，杀入陈朝皇宫。眼见着大势已去，陈朝官员纷纷逃散，陈后主惊慌失措，身边只剩下了尚书仆射袁宪一人。无奈之下，袁宪将陈后主和两位贵妃藏到了一口枯井里，但很快被隋军发现，吓得瑟瑟发抖的陈后主被生擒。南陈至此灭亡。

隋灭陈统一了中国全境，推进了历史的发展，中国长达400年的分裂局面至此结束，封建社会进入了一个新的历史时期。

局势分析

隋朝灭陈之战是中国历史上第二次大规模的渡江战役，陈朝灭亡之后，中国终于走向大一统的新时期。

陈后主是中国历史上有名的亡国之君，但他在文学上颇具才华，曾写出了很多好作品。只可惜，陈叔宝的身份并不是一届诗人，而是一位皇帝。陈叔宝在位期间，大修宫殿庙宇，极尽奢靡之风。在这一点上，隋文帝与陈叔宝正好相反，隋文帝是一个勤俭的人，当他看到陈叔宝那极其华丽的宫殿时，竟然命人将其付之一炬。

陈后主爱美人并且极端宠爱张、龚、孔三位贵妃，还为她们量身打造了三座香阁，使用了大量名贵的木材和珠宝装饰。在政事上，陈叔宝对发展国家政治、经济等一概没有兴趣，他只懂得搜刮百姓，从人民的身上榨取更多的财富满足自己穷奢极欲的生活，然而，就是这样的一个昏聩皇帝却得到了善终，这又是什么原因呢？

隋文帝杨坚对待陈国的大部分臣子采取了十分宽容的政策。当陈叔宝被隋军发现并带回长安后，隋文帝问他有什么愿望，没想到陈叔宝只提出了一个让人啼笑皆非的要求——"得一官号"。隋文帝只觉陈叔宝只是个酒囊饭袋，根本构不成任何威胁，便放任他不管。最后，陈叔宝病死在了洛阳，享年52岁，与隋文帝杨坚在同一年去世。

后世有人认为，陈叔宝在被俘后的表现并不是他真的傻，而是在极尽所能地装傻，因为他知道，只有这样隋文帝才能被蒙蔽而让自己善终，不过，这个观点至今仍没有定论。

说点局外事

陈后主工诗文，擅音乐，亡国前所谱的《玉树后庭花》和《临春乐》等宫体词曲，流传至今。《玉树后庭花》又被称为亡国之音。从诗歌中就可以看出，作为皇帝，陈叔宝的昏庸与荒淫无人可比，但是作为一名诗人，陈叔宝是具有一定才华的。陈灭时，陈后主正在皇宫中与嫔妃游乐玩耍，《玉树后庭花》的盛行正显示了陈朝覆灭的过程。

"丽宇芳林对高阁，新装艳质本倾城。映户凝娇乍不进，出帷含态笑相迎。妖姬脸似花含露，玉树流光照后庭。花开花落不长久，落红满地归寂中。"

如果仅从诗歌艺术角度来看，《玉树后庭花》是一部即位传神的作品。诗中利用动态，从侧面角度描写了宫中的景象，诗体结构紧凑，意境优美。

北击突厥

北魏时期，突厥族在我国北方兴起，随着其不断发展，突厥开始从原始民主制向奴隶制过渡。在这期间，突厥的贵族阶级不断侵扰中原地区，掠夺人口和财富。后北周与北齐时战时和，中原各王朝为了借助突厥的力量壮大自己的势力，开始用和亲的政策笼络突厥。这一时期，突厥与中原王朝保持着朝贡的关系。

隋朝初年，突厥贵族发生内乱，摄图称沙钵略可汗，毗罗称第二可汗，大逻便称阿波可汗，玷厥称达头可汗，除此之外，还有个步离可汗，至此，突厥被分成了五个部分，各汗分居四面，其中以沙钵略可汗的势力最大。

隋文帝对突厥采取的是冷落政策，他登基后，突厥使者来访，隋文帝给的赏赐极为淡薄。北周时，朝廷每年都会赠送突厥一大批粮米，隋文帝下令将这一政策取消，并对大臣说："饿狼在北，饲之何益。"文帝将突厥比作喂不饱的饿狼，可见他对突厥的厌恶。

沙钵略可汗即位后，续娶了上一任他钵可汗的妻子千金公主。千金公主原是北周武帝宇文邕的侄女，因和亲被送往突厥。隋朝建立后，北周的宗室诸王因反对隋文帝的统治被赶尽杀绝，千金公主的父亲赵王因率兵叛乱被诛灭九族。

得知消息的千金公主悲痛欲绝，开始给丈夫沙钵略可汗吹"枕边风"，沙钵略可汗早已对隋朝对突厥的礼薄怨恨不已，再加上妻子的唆使，很快，他便被说动了，表示"身为北周的女婿，现在北周灭亡，我要为北周报仇"。于是，正式向隋朝宣战。

公元582年，沙钵略可汗打着为北周报仇的旗号，率领40万大军，兵分四路向隋朝发起进攻。其实，在这之前，隋军和突厥已经发生了多次小规模冲突，隋文帝登基的第一年，突厥就率兵从东线进攻，占领了河北秦皇岛。从这之后，隋文帝开始往幽州，并州增调兵力，修缮长城，加强对边境的防守，因此，当沙钵略可汗起兵的时候，隋朝的几十万大军已经

严阵以待了。

四月，隋朝东部的河北、山西，西部的陕西、甘肃，均遭到了突厥的大规模进犯，战火连连。这是我国封建王朝历史上，中原地区第一次遭受游牧民族的全线进犯。

面对突厥人的疯狂进攻，隋文帝并没有选择消极防守，而是沉着应对，一方面，他派太子杨勇在咸阳聚集军队，建立指挥部；另一方面，他派边境地区的隋军主动出击，以攻对攻，坚决打击突厥军的进犯。刚开始的时候，战况对隋军很不利，突厥的前锋军队曾一度逼近汉中平原。

甘肃庆阳之战中，沙钵略可汗亲率10万大军攻打周盘（今甘肃庆阳境内），隋朝行军总管达奚长儒率军3000迎战，据城死守，杀敌近万，突厥军只好后撤，但此次战役隋军也伤亡惨重，守城官兵最后剩下的不到百人。与此同时，在幽州、临洮和突厥军交战的隋军也连吃败仗，兵马损失过万。

第二年8月，隋朝的宁夏固原防线被攻破，突厥军长驱直入，在宁夏、陕西延安弘化、甘肃兰州等地烧杀抢掠，掠夺百姓财务。隋文帝下令采取坚壁清野（加固防御工事，将物资和居民转移，让敌人既打不进来，又抢不到一点财务。）的策略，命各部队严防死守，这才遏制了突厥军的攻势。

在经过初期的主动出击后，隋文帝决定改变策略，转为全面退守。此时，突厥军的状况也没好到哪去，沙钵略可汗的侄子与其叔父达头可汗两人的矛盾越来越激烈，已经严重影响到突厥内部的统治，沙钵略可汗遂下令撤军北返。

经过此战，隋文帝深刻认识到突厥的危害，要想统一全国，让隋朝立于不败之地，突厥是必须要解决的问题，但考虑到隋朝刚建国不久，局势不稳，隋文帝决定先实行战略防御，加强反攻准备，同时，不断充实军力、国力。

长孙晟向隋文帝建议采取"离间计"，"远交近攻，离强合弱"，分化瓦解突厥内部势力，最后一举歼之。深思熟虑后，隋文帝决定采纳，派元晖出使伊吾（今新疆哈密市），与达头可汗和处罗侯（沙钵略可汗之弟）结交，暗中分化沙钵略可汗的力量。

开皇三年（583年），突厥内部的矛盾加剧且又逢灾荒，隋文帝借此机会，封杨爽、河间王杨弘、豆卢勤、秦州总管窦荣定等为行军元帅，率兵攻打突厥。

杨爽率领李充等四将从朔州出发，在白道（今内蒙古呼和浩特市西北）与突厥军相遇。杨爽命李充与李彻率兵5000，找准时机，趁其不备，突袭突厥军，突厥军大败，众将士伤亡惨重，沙钵略可汗兵败而逃。

五月，隋将窦荣定率军从凉州（治今甘肃武威）出发，行至在高越原（今甘肃民勤西北）时，遭遇阿波可汗，两军交战，阿波可汗惨败，请求结盟。

隋朝的离间计取得了巨大成功，突厥内部势力已经分崩离析，达头可汗不愿意承认沙钵略可汗名义上的宗主地位，商议未果后，突厥汗国正式分为东西突厥，以金山（今阿尔泰山脉）为界，划疆而治，东突厥以沙钵略可汗为代表，西突厥以达头可汗为代表。

开皇四年（公元584年）春，东突厥沙钵略可汗在与隋军交战的过程中屡战屡败，突厥内部，他的叔侄又纷纷起兵造反，腹背受敌的沙钵略可汗无奈之下，只好向隋朝请求和亲，双方战争至此停止。

然而，这样的安宁局面并没有维持多久。开皇十三年（593年），隋朝灭南陈后，隋文帝将陈后主的屏风赐给大义公主（即千金公主，后被隋文帝封为大义公主），大义公主睹物伤感，即兴作了一首诗怀念周室。

隋文帝看了其中的"余本皇家子，漂流入虏廷"大怒，认为"虏廷"指的是隋朝，再联想到大义公主可能会鼓动东突厥现任首领都兰可汗（沙钵略可汗的儿子）向隋朝宣战，便暗下决心要除掉突厥这个隐患。

开皇十九年（599年）春，边境官员来报，说都蓝可汗要攻打大同城，隋文帝听后，封汉王杨谅为元帅，统兵出征。左仆射高颎率军从朔州出发，右仆射杨素率军从灵州出发，上柱国燕荣率军从幽州出发，共同阻击都蓝。

都蓝与达头合作，占领了尉州（今河北蔚县），隋上柱国赵仲卿率精兵 3000 与突厥军交战，两军激战 7 天，隋军大胜，俘虏突厥军 1000 多人，牲畜 1 万多头。都蓝重新整编军队，准备再战，隋军列阵相拒。5 天后，高颎率大军赶来，与赵仲卿军共同夹击突厥，突厥军丢盔弃甲，落荒而逃。

后西突厥达头可汗率领 10 万突厥军进攻隋军，杨素亲自率领大部队与之决战，突厥军大败，伤亡惨重，达头可汗也带伤而逃。

开皇二十年（600 年）四月，西突厥达头可汗再次率领突厥军进犯我国边境地区，隋文帝派杨广、右仆射杨素从灵武道（治回乐，今宁夏灵武西南）出发，杨谅和大将史万岁从马邑道（治善阳，今山西朔县）出发，共同夹击突厥军。

此次，跟随杨广一起出征的还有长孙晟，长孙晟深知突厥的民俗风情，他派人事先在突厥军经常饮用的泉水中放毒，大批突厥人马相继中毒身亡，迷信的突厥人以为是天降恶水，要亡族灭种，于是连夜撤兵，长孙晟率兵追击，斩杀突厥军 1000 多人。

大将史万岁率兵出塞，行至大斤山（即今内蒙古大青山）时，与达头可汗率领的突厥军相遇。达头可汗早已听说过史万岁的勇猛善战，这次听说对战的是史万岁的部队，立刻率兵沿原路撤退。史万岁率兵追击了一百多里，斩敌数千，大破突厥。

东突厥内部因争权夺利发生内讧，都蓝率军攻打突利可汗，突利可汗是处罗可汗之子，居住在北方，面对都蓝的攻打，他亲自率军迎战，但因寡不敌众，被都蓝打败，他率残部投降隋朝。

看到前来投降的突利可汗，隋文帝喜出望外，封他为启民可汗，命他在河套地区建国，招收旧部，做隋的盟邦，并派大将高颎、杨素出塞，迎战突厥军，突厥军惨败，都蓝被部下杀死，达头自立为步迦可汗。

仁寿元年（601 年）正月，步迦可汗率兵再次侵犯我国的边境地区，隋将恒安被打败。第二年三月，突厥思力俟斤等又渡过黄河，从启民可汗处抢走 6000 多人口及 20 多万牲畜。

启民可汗向隋朝请求支援，杨素率兵追击，趁突厥军队休息之际，将被掠走的人口和牲畜全部夺回。兵败后的步迦可汗率兵逃往漠北，启民可汗在杨素的帮助下，率兵北征，漠北大乱，各部落纷纷归附启民，至此，启民成了东突厥大可汗。

仁寿三年（603 年）秋，西突厥步迦可汗管辖的各部落发生分裂，铁勒、仆骨等十几个部落相继投降了启民可汗，走投无路的步迦可汗逃往吐谷浑，启民可汗收其管辖之地和民众，并每年向隋朝贡。

大业三年（607 年），启民可汗入朝觐见隋炀帝，炀帝热情的接见了他，后又亲自巡视北方。从这之后，隋与突厥和平相处，不再兵戎相见，隋朝取得了反突厥战争的全面胜利。

隋反突厥战争的胜利，有力地打击了外来势力，为隋朝以后的发展奠定了基础，东亚的局势得以稳固。在隋文帝的挑拨和军事打击下，突厥分成东西两部，后东突厥部启民可汗归附隋朝，称隋文帝为"圣人莫缘可汗"，寓指圣贤的君主，"自天以下，地以上，日月所照，唯有圣人可汗。今是大日，愿圣人可汗千岁万岁常如今日也。"

隋文帝身为大隋的国君同时又是突厥名义上的君主，这在我国历史上可是首例。

局势分析

在与突厥 20 多年的交战中，隋朝成为了最后的胜利者，保护了中原的经济、文化免遭侵扰，为百姓们的安居乐业提供了条件。

实际上，突厥南下并不是为了攻城略地，他们主要是为了抢夺中原的财物，然而，由于缺乏长期作战的谋略，他们每次攻隋只能"靠运气"，胜则满载而归，败则逃遁请盟。再加上，突厥内部矛盾重重，不能紧密团结在一起，因此，势力始终不够强大。

隋文帝正是因为抓住了这一点，才逐渐取得了战争的主动权，他采纳了长孙晟的"远交而近攻，离强而合弱"策略，分化离间突厥内部各势力，或用和亲的办法拉拢其中一部；或派兵攻打其中一部，使他们之间互相猜忌，彼此攻击，以此来削弱突厥各部的势力。最后，隋文帝坐收渔人之利，这样的战略可谓妙哉！

说点局外事

外交是一门巧妙的艺术，我国的外交活动历史悠久，然而，外交并不像它字面上的意思那么单纯，有时候，它更是一种军事手段。隋朝时，就出现了一位著名的外交家，他就是长孙晟，唐朝著名的宰相长孙无忌和其妹长孙皇后都是他的子女。

开皇二年（582年），突厥军侵扰隋朝边境地区，长孙晟对隋文帝说，突厥目前最大的问题就是内部分裂，在五大可汗中，达头可汗、阿波可汗和突利可汗都与沙钵略可汗有着很深的矛盾，既然他们彼此之间互相不满，我们可以利用这点，来分化瓦解他们的势力，这样就可以取得事半功倍的效果。

有些人可能会疑惑了，长孙晟为什么对突厥的事情那么清楚呢？其实，当年千金公主前去和亲的时候，长孙晟是送亲使团的副团长。他们一行人到达突厥后，沙钵略可汗对其他人都很冷淡，唯独对长孙晟非常热情，最后甚至挽留他在突厥居住了一年。

有一次，沙钵略可汗和长孙晟一同外出巡游，恰好看到前方有两只雕在争肉吃，于是，沙钵略可汗就给了长孙晟两支箭，让他将这两只雕射死。

长孙晟仔细观察了一下角度，最后抽出一支箭来，架好弓，朝两只雕射去，只听"嗖"的一声，沙钵略可汗便看到了串成糖葫芦的两只雕，成语"一箭双雕"就是从这里来的。

突厥民族擅长骑射，崇尚英雄，沙钵略可汗看到长孙晟的武艺这么高强，对他更是佩服，下令命贵族子弟跟他学习射箭。长孙晟一箭成名，突厥内部对他非常敬畏，将他的弓声比作霹雳，他骑马比作闪电，长孙晟也因此得到了霹雳堂的称呼。

　　沙钵略的弟弟突利可汗对长孙晟也很是崇拜，于是他私下里偷偷和长孙晟结了盟，闲暇的时候就与他待在一起讨论国家大事。一年以后，长孙晟已经将突厥内部的情况，包括各部族强弱，周围的地势地貌及各地的战略部署都了解的一清二楚。

　　长孙晟长期处理隋与突厥的关系，曾向隋文帝献计分化离间突厥，为隋朝反击突厥做出了极大的贡献。

第二章　开皇之治

隋朝的强盛在中国乃至世界历史上都是空前的，当时的帝国国泰民安，积蓄充盈，幅员辽阔，经济、文化、外交等方面都发展到了登峰造极的地步，中国也成为世界上最强大的国家。

躬履俭约

大隋王朝在隋文帝的精心治理下，迅速强大繁荣起来，然而，隋文帝却是历史上少有的俭朴皇帝。他从小生长于寺庙之中，习惯了素衣素食的日子，这也使他养成了崇尚节俭的性格。

隋文帝常常以身作则，奉行简约，他与独孤皇后居住的地方，布置得十分简单朴素，宫娥嫔妃们也不准穿戴华丽的服饰，只能穿布衣。他每天上朝乘坐的舆辇已经十分破旧，却不愿换新的。

一次，隋文帝患痢疾，太医配的药方中有一两胡粉，宫中没有，需要到宫外去买，隋文帝就放弃了。有个小太监用布口袋装着干姜往御膳房送，恰巧被隋文帝看见了，文帝说用布口袋装干姜实在是太浪费了，下令以后送干姜用毡袋来装裹。

隋文帝还常常教育太子要节俭，并说一个国家如果总是奢侈腐化，是无法长治久安的。有次，隋文帝看到太子杨勇在铠甲上做装饰，大发雷霆，告诫他"当以俭约为先，乃能奉承宗庙"。

开皇十四年（594年），隋朝闹饥荒，百姓们只能以豆粉拌糠来充饥，隋文帝知道后，伤心地落下了眼泪，说都是因为自己没有治理好国家，才让百姓们遭此灾难，他特意下令：宫中今后不准大摆宴席；自己的饭菜不带酒肉；只穿布服；各级官员从吃到穿务必从简，如此亲民爱民的举动，在历代帝王中，实属凤毛麟角。

开皇十五年，扬州刺史豆庐通觐见隋文帝时，看到文帝穿着布衣，就自作主张地买了一匹上好的细绫送给文帝。没想到的是，隋文帝看到细绫大怒，立即召集群臣，并当着众人的面，训斥豆庐通，"现在，我们国家尚处于危难时期，老百姓们吃饭穿衣都很困难，你却让我穿这么贵的细绫，假若上行下效，那我们的国家到什么时候才能兴旺发达呢？"隋文帝语重心长的一番话，说的豆庐通无地自容，他赶紧跪地认错。文帝命人将细绫当场烧毁。

隋文帝还经常穿着粗布衣服到田间耕作，身体力行，减轻百姓的负担，也促进了各项节俭政策的实施和推行。因为隋文帝提倡节俭，其统治期间剥削很少，农业、经济在这样的环境下得以发展，百姓们安居乐业，国内出现了一片繁荣的景象。

局势分析

隋文帝治国提倡节俭，杜绝奢侈糜烂，登基之后，他就宣布"犬马服玩，不得献上"，凡是看到百官或宫中有浪费的行为时，必"大加谴责"。史称："其自奉养，务为俭素，乘舆御物，故弊者随宜补用；自非享宴，所食不过一肉；后宫皆服浣濯之衣。"

隋文帝崇尚节俭，除了受小时候的生活环境影响外，还有一个重要原因是：文帝曾效力于北周，且又出身贵族，他曾亲眼看到了北周贵族阶级的腐败没落，并认为奢侈的生活只会消磨人的意志，久而久之，便会养成懒惰享受的坏习气。有些官员为了享受甚至会搜刮民脂民膏，最后引起民愤，这些都是导致国家灭亡的祸根。因为深刻地认识到这一点，因此隋文

帝处处厉行节俭。

说点局外事

隋文帝励精图治，二十几年后，隋朝经济繁荣，百姓乐业，到处是一片兴旺景象。

伴随着社会的安定，隋朝的户口也迅速增长。隋朝初期，全国人口只有400多万，二十几年后，全国已有890多万户，4600多万人。相较于南北朝，户数增加了约一倍；相较于西晋，增加了约两倍，已经接近了东汉时的户口水准。然而，这仅是一个粗略的统计数字，不过，从中我们也可以看出东汉以后我国的人口起伏变化，以及隋朝人丁兴旺的景象。

隋文帝作为一个封建帝王，我们不能否认其统治的阶级性、局限性，以及种种弊政，但他顺应历史的发展，统一中国，建立了繁荣强盛的隋王朝，这在中国漫长的封建历史上是不多见的。

推行汉文化

北周和北齐时期的统治者都非常排斥汉文化，并且排斥汉人，他们崇尚的是鲜卑化与西胡化。隋文帝杨坚的父亲杨忠因战功被赐胡姓普六茹，但杨坚称帝后，立即恢复了自己的汉姓，力行汉化。

隋文帝还采取了一些恢复和发扬汉文化的措施。隋朝初期，朝中大臣多数都是鲜卑贵族，对这些豪强大吏以及一些反叛旧臣，隋文帝诛夷罪退，毫不手软。对一些没有才干的大臣，隋文帝坚决罢黜，即使他是对自己称帝有功的人，对那些有真才实干的人才，隋文帝大加提拔，为朝廷选拔了不少优秀的官员。

南北朝时期是中国历史上的大分裂时期，由于长期的混战，连年的战火，到隋朝时，春秋、汉代的文化典籍大部分都被焚毁、遗失，这无疑是中国文化的一大损失。

公元583年，隋文帝开始下诏求书，每位献书者，献书一卷，赏绢一匹。自此，各地分散的图书，都开始往朝廷集中，"民间异书，往往间出""一、二年间，篇籍稍备"。

为了进一步完善政府典藏，在向各地征书的同时，隋文帝还特意增补了学士官120人，由他们专门负责修撰新书。

在中国历史上，隋朝的藏书量是最多的。据史书记载，隋朝藏书最多时有37万卷，后经过秘书监柳校定，排除一些重复的图书，剩下的还有77,000卷，达到了封建社会政府藏书的最高峰，然而，隋朝末期，大部分的图书被毁于战火。唐朝时，唐玄宗收藏的文化典籍最多时有8万卷，唐学者自己修撰的有28，467卷，唐以前所著图书藏有28，469卷，但最后也难逃被战火烧毁的厄运。

隋文帝登基后下过这样一道诏书：

"建国重道，莫先于学，尊主庇民，莫先于礼。自魏氏不竞，周、齐抗衡，分四海之民，斗二邦之力，递为强弱，多历年所。务权诈而薄儒雅，重干戈而轻俎豆，民不见德，唯争是闻。朝野以机巧为师，文吏用深刻为法，风浇俗弊，化之然也。虽复建立庠序，兼启黉塾，业非时贵，道亦不行。其间服膺儒术，盖有之矣，彼众我寡，未能移俗。然其维持名教，奖饰彝伦，微相弘益，赖斯而已。王者承天，休咎随化，有礼则祥瑞必降，无礼则妖孽兴起。人禀五常，性灵不一，有礼则阴阳合德，无礼则禽兽其心。治国立身，非礼不可。朕受命于天，财成万物，去华夷之乱，求风化之宜。戒奢崇俭，率先百辟，轻徭薄赋，冀以宽弘。而积习生常，未能惩革，闾阎士庶，吉凶之礼，动悉乖方，不依制度。执宪之职，似塞耳而无闻，莅民之官，犹蔽目而不察。宣扬朝化，其若是乎？古人之学，且耕且养。今者民丁非役之日，农亩时候之馀，若敦以学业，劝以经礼，自可家慕大道，人希至德。岂止知礼节，识廉耻，父慈子孝，兄恭弟顺者乎？始自京师，爰及州郡，宜祗朕意，劝学行礼。"

国家之本，在于文化，文化之基，在于知礼。一个国家想要长治久安必须依靠文化的熏陶让百姓知书识礼，通达人情。古代的先贤最重礼节，孔子如是，孟子如是，韩非子亦如是。

一个有文化、懂礼仪的人才能很快得到重用，并且成就大事，受人尊敬，成为别人学习的榜样；反之，不懂礼仪，又没有文化，这样是很难在社会上立足的，也不会有好的发展前途。

文化是人类发展史上最宝贵的财富，隋文帝力行汉化，避免了汉文化被消亡的厄运，对汉文化的发展传承起到了重要作用，中国几千年的文明文化也因此得以传承并延续。

局势分析

汉朝灭亡后，中国进入了混乱的四分五裂时期，汉民族也陷入了漫长的厮杀战乱之中，这一场战乱，长达三个半世纪。东晋时，经历了长久的战火摧残，汉民族已经变得消沉、疲惫、颓废、迷惘。汉民族中，强壮的青年多数已经战死沙场，剩下的老弱病残妇已无能为力去阻止异族的入侵，只能眼睁睁地看着中原的沃土落入外族之手。

《晋书》记载，当时，塞外内附有三十万人，入塞匈奴有数十万人，入侵中原的外族加起来有一百多万人，而这些只是有记载的。南北朝时期，大批外族进入中原，总人数已经超过中原人，他们瓜分中原的领土，并建立自己的国家，成为统治者。

五胡、十六国时，汉民族的现有人口已不足汉朝时的一半，经济文化也开始倒退。多年的战乱，中国百年的文明古城已成为灰烬，建筑文化损失惨重，历代的文化宗卷多数遭到焚毁，战国、秦汉的文化艺术已荡然无存。外族文化开始统治中国，各种宗教寺庙拔地而起，供奉着外来的神。外族传入的佛教已经压过汉人推崇的儒教，中原大地上随处可见的是异族的音乐、舞蹈、雕塑、绘画，中国已完全被外族统治。

这时，在黑暗的中国史上出现了一个闪光的名字，他就是隋文帝杨坚，公元 581 年，隋文帝废胡人建立的北周，建立隋朝。公元 589 年，隋文帝统一中国，征服了各族入侵者，结束了长期混战的局面，中国又回到了和平年代。

隋文帝是中国历史上第一个被黄袍加身的皇帝，《读通鉴论》中记载："开皇元年，隋主服黄，定黄为上服之尊，建为永制。"自从隋文帝开始穿黄袍后，中国后代的皇帝都开始穿黄色的衣服了。

尽管隋文帝建立的隋朝只有38年，但它对中国历史的发展却有着深远的影响。隋文帝压迫并阻止了周围异族的强大与崛起，为唐朝的兴盛打下了坚实的基础。隋朝的国家体制和经济制度被唐朝继承，最后造就了中华盛世。

转观同时期的西方文明，罗马帝国灭亡后，欧洲版图便陷入了分裂的黑暗深渊，古罗马文明也随之消失，在这之后，欧洲再也没有恢复统一。相较于当时的东方文明，汉王朝被土崩瓦解后，正是因为有了隋文帝，中国才又重新走向了统一，华夏文明也因此避免了被摧毁的危险。隋文帝对中国的统一和华夏文明的延续做出了杰出的贡献，被西方史学家们誉为"中国历史上最伟大的帝王"。

迈克尔·哈特是美国著名的学者，在他所著的《历史上最有影响的100人》的一书中，中国皇帝隋文帝杨坚榜上有名，哈特对杨坚的评价是："他成功统一了分裂百年的中国，在其统治期间，进行了一系列改革，最伟大的改革之一就是创立了科举制，通过科举考试来选拔政府官吏，为中国提供了一大批优秀的行政官员。"

然而，隋文帝的历史贡献，中国的史学家还不够重视，这是中国错误的历史观念造成的。南北朝是中国历史上最残酷，也是最悲惨的一个时代，同时也是汉族最衰微的一个时期，而隋文帝力行汉化，实际上是为汉族开天辟地的。

以科取士纳贤臣

隋朝建立后，百端待举，隋文帝亟须人才来帮助自己治理国家。开皇初年，隋文帝将魏晋以来实行的九品中正制废除，创立了科举制度。

九品中正制是魏晋南北朝时期的选官制度，创立之初，以家世、品德、才能并重为选拔标准，它的推行剥夺了州郡长官任亲唯用的权力，加强了中央对地方的统治。

只是，随着时间的推移，九品中正制的选拔标准发生了变化。选拔官员时，才德逐渐被忽视，身世背景却变得越来越重要，甚至成了唯一的选拔标准，这也就失去了选拔人才意义。同时，选拔人才的官员大多由朝中二品官吏担任，而被选拔者也常常出自二品以上家族，他们被选上后，出任的也常常是高级官吏，久而久之，选拔官员的权力便被某些世家大族所垄断，出现"上品无寒门，下品无士族"的局面。

为了改变这种情况，隋文帝经过反复的思索，最后决定开科取士，即用不同的科目对读书人进行考试，通过者，就可以取得做官的资格。高官子弟可以利用父辈的关系进入仕途，非高官子弟取得做官的资格后，还需要通过吏部的考试，合格者才能当官。

开皇十八年（598 年）七月，隋文帝设立"志行修谨""清平于济"二科，命五品以上的京官和地方官总管、刺史以上述两科为标准，向朝廷推荐人才。"志行修谨"指的是有高尚品德的人，"清平于济"指的是为人正直，有才干的人，前者突出的是"德"，后者侧重于"才"，隋文帝通过这两科来选拔人才，被看做是科举制的开始。

后来，隋朝选官的科目逐渐变多，选拔标准也更加明确，相较于九品中正制，更容易将真正学有所长的人才选拔出来。

除选拔外，隋文帝还加强了对官员的考核，严明赏罚。开皇元年（581 年），隋文帝下令奖赏清正廉洁的岐州刺史梁彦光；临颍县令刘旷，清名善政，官员考试成绩名列天下第一，隋文帝将他提拔为莒州刺史；汴州刺史令狐熙在吏部考试中取得第一，隋文帝赏赐帛三百匹，并昭告天下，对其进行表扬。此后，像这样的表彰还有很多，无论官位大小，只要做出成绩，隋文帝一律采取奖赏政策。

隋炀帝即位后，继续推行开科取士的制度。大业三年（607年），隋炀帝设"进士科"正式规定以定期统一考试的方法选拔人才。进士由地方官向朝廷推荐，每郡两人，然后再由礼部统一组织进行考试，考试内容涉及诗赋、时事政治等，以诗赋为主，通过者再由宰相们进行复核，最后报送皇帝定夺，授予官职。进士科的创立，标志着科举制度的正式确立。

科举制度是根据国家需要设立科目，通过考试的方法择优选择官员，体现了儒家"学而优则仕"的思想。它具有相对的开放性，面向的是整个社会，没有门第、阶级的限制。

它的创立，防止了门阀世族把持政权的局面，为庶族地主提供了步入仕途的机会，同时，也有利于朝廷对人才的选拔，对巩固中央集权有着重要的作用。

科举制是我国封建社会选官制度的一次重大改革，在我国历史发展上有着重大影响。自隋首创，清朝光绪三十一年（1905年）才被废除，在我国实行了长达1300年之久，后来，英美等国也将这种制度应用到了政府文员的挑选中。

不过，隋朝的科举制度并不完善，其一，各科人员仍需要官员向朝廷推荐；其二，考试的内容和时间不固定；其三，主试官员的权威性也不够，这些问题仍需要改进。

▌局势分析▐

隋朝废除九品中正制并创立科举制是有社会原因的。

选士制度是封建国家选拔官员的一种政治制度，因此，从哪个阶层、用什么方法、以什么为标准、选择怎样的官员，需要根据不同阶段的国家的发展需要来定。

隋文帝时期，是我国封建社会走向统一和空前繁盛的时期，庶族中小地主的经济实力不断增强，他们开始要求参政，并希望通过这种方式来改变自己社会地位不高的现状。

相反，士族豪门的地位则有了明显的下降，在政治、经济生活中已经失去了原先的垄断地位，而皇帝为了加强皇权，又急需一大批高素质、有才干的官员充实到各级行政机构之中去，从而使政令畅通。

在这样的情况下，若继续实行九品中正制，以门第取士，只会加强豪强大地主和地方官享有选士用人的权力，既不利于巩固中央集权，又无法满足中小地主做官从政的要求。所以，九品中正制已无法满足隋朝社会的发展需要，废除这项旧制度，实行新的选官制度势在必行。

科举制就在这样的历史背景下应运而生，它以崭新的姿态，登上了中国的历史舞台。科举制以自由报考为特点，以考试优劣为依据来选拔官员。掌握考试大权的吏部，以加强皇权为宗旨，采取从下而上逐级淘汰的方法，为社会各阶层打开了步入仕途的途径。

隋王朝虽然希望通过科举考试的方式来为朝廷选拔人才，不过，在隋朝统治的30多年里，真正通过科举选拔上来的官员并不多，"秀异之贡，不过十数"。

说点局外事

我国古代的选官制度并不多，主要有三种，即先秦的世袭制、秦汉至魏晋南北朝的荐举制和隋朝开创的科举制。

世袭制历史悠久，出现于秦朝以前，主要通过家族血缘关系来任命各级官员，并按血缘关系的亲疏来决定等级的尊卑，被封为爵位者，名号、爵位、财产可世代相传。王权与族权统一是世袭制最大的特点。

西汉时，实行察举、征辟制，察举是荐举制的精髓所在，指朝廷或地方的高官通过随意考察，向统治者推荐官员的选官制度。察举有诏举和岁举两种方式，诏举是统治者下令在国内选取特殊人才，岁举是地方高官定期向朝廷推荐人才，察举的考核方式主要有贤良方正、孝廉、太学博士弟子、特举特科等。

征辟是统治者和公卿郡守选拔官员的一种制度，统治者选用人才为"征"，公卿郡守任用官员为"辟"。东汉后期，官员选拔中，任亲唯用、结党营私之风盛行，察举、征辟制逐渐走向衰落。

曹魏时，魏王曹丕为了拉拢士族，创立了"九品中正制"。在州设置大中正官，在各郡设置小中正官。中正官主要负责从家世门第，个人品行等方面来品评地方士人，上报给朝廷，然后按品级授官。

九品中正制是在察举制的基础上发展起来的，它将选官权收归中央，分九等来品评士人，选官标准更加周密。只是，魏晋时期的门阀统治逐渐加强，东晋后，九品中正制已经是弊端丛生，中正官位高权重，品评随意。

世族门阀又与中正官相互勾结，控制选举，以至于门第成了这时最重要的选官标准。朝中高官大多为名门望族子弟，庶族出身的人只能当下品小官。

隋朝建立初期，仍使用的是九品中正制，直到隋文帝实行开科取士后，九品中正制才被废除。

颁布均田新令

隋文帝建立隋朝后，在北齐、北周均田的基础上，继续实行均田制。开皇二年（582年），隋文帝颁布均田令。规定：国内成年男丁每人分露田80亩，用来种植五谷，此外，再分永业田20亩；成年妇人每人分露田40亩，不分给永业田；奴婢在分田方面享有和常人一样的权利。永业田不用归还，露田在耕田享有者去世之后必须归还国家。

此外，亲王以下至都督，全部分给永业田，100顷到40亩不等，由官员身份高低多寡来决定。公元594年（开皇十四年），隋文帝又规定：将职分田分给京官和外官，从中得到的收入作为官员俸禄，以此来减轻国家负担。一品至五品，每品之间以 5000 亩为差，多者 5 顷，少者 3 顷；六品至九品，每品之间以 50 亩为差，九品为一顷。各级官署允许耕种一定数量的土地，也就是公廨田，收入充作办公费用，帮助国家节省行政开支。

均田制的实施，规范了土地的所有权，减少了民众之间因为田产而发生的纠纷，促进了无主荒田的开垦，对隋朝农业和经济的发展起到了积极的推动作用，而与之相联系的新的租调量相较以往也有所减轻。

隋文帝还实行了三长制，三长制规定：五家为邻，设一邻长；五邻为里，设一里长；五里为党，设一党长，它的职责主要是：检查户口，征收租调，征发兵役与徭役，这种制度由北魏孝文帝建立，隋朝继续沿用。

三长制的确立使得当时各地方、官员明确了管辖和职责，与均田制相辅相成，主要有以下两点益处：

第一，使得百姓脱离了豪强大族的控制，有了国家认可的户口，土地得到保证，产量得到了提高；

第二，种地的百姓改善了有粮纳税，无粮度日的艰苦生活，各地方、中央也有了稳定的赋役来源，大大增强了民众的稳定性与中央集权制。

均田制最初是鲜卑拓跋部从游牧、畜牧经济向农业经济转变，在与汉族的融合过程中产生的，它的实施加快了这一转变过程，而隋朝之所以能统一中国南北，包括后来唐朝的兴盛，均田制的实施是其中一个重要原因。

然而，从本质上来说，隋朝实行的均田制明显是对官僚地主有利的。朝廷分给官僚地主的田地要比给百姓的多，官员的职位越高分的田也就越多。奴隶分田虽然有一定限制，但官僚地主依旧可以利用奴隶分得更多的田地。相反，部分百姓却连应得的田地都分不够，在一些偏僻的地区，有些农民仅能分得 20 亩田地。

隋朝实行均田制并不是将国家所有的土地都拿来分配，它维护的是地主阶级的利益，这项制度是在不触动地主土地私有制的前提下推行的。也就是说，均田制实际上是朝廷将所能支配的土地和一些被废弃的荒地分给百姓耕种，农民被土地束缚，反而更利于封建政府的剥削。

但从另一方面来说，均田制的实施，百姓还是得到了一些土地，相较于以往，地主的土地兼并多少还是受到了一点限制，有利于提高百姓生产的积极性，增强百姓扩大耕地面积的意识。

局势分析

均田制最早实行于北魏。西晋末年，中国北方战火连天，百姓流离失所，土地荒芜，给国家的赋税带来严重影响。为保证赋税来源，太和九年（485年），北魏孝文帝颁布均田制并在国内实施。

均田制规定：（1）男子15岁以上，授种粟谷的露田40亩，妇人20亩。奴婢同样授田。耕牛1头授田叼亩，限4头牛。授田视轮休需要加倍或再加倍。授田不准买卖，年老或身死还田，奴婢和牛的授田随奴婢和牛的有无而还授。

（2）男子授桑田20亩。桑田世业，不必还给国家，可传给子孙，可卖其多余的，也可买其不足20亩的部分。产麻地男子授麻田10亩，妇人50亩，年老及身死后还田。受田以后，百姓不得随意迁徙。贵族和官僚可以通过奴婢和耕牛另外获得土地。地方官吏按官职高低授给数额不等的职分田，刺史15顷，太守10顷，治中、别驾各8顷，县令、郡丞各6顷，不准买卖，离职时交于继任者。北齐、北周、隋、唐都沿用均田制，具体办法有所变更。

北齐时期，继续推行均田制，大体上和北魏相同，只是在某些地方有所改变，比如：废除了受倍田，但一夫一妇的受田数加起来仍相当于倍田；北魏时，在奴婢受田方面并没有限制，北齐做了改变，按官品限制在300人至60人之间，并规定了赋税；北齐规定，年满18岁就可以开始受田，男子授露田80亩，妇女40亩，丁牛60亩，每家4头，另投桑田或麻田20亩。均田制在北齐的时候有所破坏，土地买卖现象频繁出现。

隋朝建国初年，大体上仍沿用的是北魏的授田制度，开皇二年（582年），隋文帝颁布了均田令，对均田制进行了改动，并实行了三长制。

均田制的实施，使百姓摆脱了豪强地主的控制，成为了国家编户，保证了国家的赋税收入，唐中叶时随着人口的增加，土地兼并的现象变得越来越严重，朝廷控制的土地越来越少，已无地授田，建中元年（780年），两税法开始实行，均田制被废除。

说点局外事

颁布均田令后，为了保证赋税和劳动力，紧接着，隋文帝又对国内的户籍进行了整顿。隋朝建立初期，民间隐瞒户口，诈老诈小的现象非常严重，这直接影响到了隋朝的财政收入，以及朝廷对国内劳动力的控制。

开皇五年（585年），隋文帝下令在国内实行"大索貌阅"的政策，即由州县地方官吏们按照户籍上的年龄，对百姓本人的体貌进行核对，检查是否存在谎报现象。如查出不实，里正、党正等将被治罪，并鼓励百姓们互相检举。通过这次检查，大量隐漏户口被查出。此方法后被唐朝沿袭，并在此基础上进一步制度化。

然而，隋文帝实行的大索貌阅并没有从根本上改变地方豪强地主与朝廷争夺劳动力的情况，为此，左仆射高颎向隋文帝建议实行"输籍法"，即：由朝廷制定划分户等的标准，颁布到各县，每年正月五日，由当地县令出查，依照标准确定户等，编辑成簿，作为国家征收赋税、劳役的依据。

输籍法又叫输籍定样，它的核心是："定其名，轻其数，使人知为浮客，被强家收大半之赋，为编氓奉公上，蒙轻减之征。"它的实行，杜绝了各地官员营私舞弊现象的发生。

输籍法系"轻税之法"，相较于做豪强地主的隐户，百姓做朝廷的均田户受到的剥削更低一些，因此，很多原先依附于地主的百姓纷纷选择脱离，转而向官府申报户口，纳税服役，自愿成为国家编户。

输籍法在各地实行后，取得了预期的效果，"自是奸无所容矣"，百姓隐藏户口和年龄的现象得到了一定程度的遏制。

自古以来，朝廷和豪强地主之间在对劳动力的控制上一直存在着尖锐的矛盾，隋文帝实行"大索貌阅"和"输籍定样"的政策，将大批百姓的户口控制在朝廷手中，大大打击了地主阶级的势力，巩固了中央集权。

安抚四夷，和睦邻邦

隋朝建立初期，边疆地区常常受到周边各族的侵略，这严重威胁着隋朝的发展和安定，对此，隋文帝采取了军事防御与招抚政策，有效的处理了各族之间的矛盾，安定了边疆。

北方方面，突厥的势力极盛，隋文帝夺取北周政权时，突厥首领沙钵略可汗与北周将领秘密合谋，率军攻占了临渝镇（今山海关）。后沙钵略可汗向隋发起大规模进攻，在武威、天水、安定、金城、上郡、弘化、延安等地进行了残忍的烧杀抢掠，弄得"六畜咸尽"。

隋文帝整顿军队，向突厥进行了还击，经过多次战役，隋朝终于打败了突厥，同时，隋文帝还采取大臣长孙晟的建议，对突厥实行"远交而近攻、离强而合弱"的政策，最后突厥发生内乱，分裂成东突厥和西突厥，突厥向隋朝投降，北方一带至此恢复安定。

南方方面，豪强爨氏一族是一大隐患，隋文帝派兵驻守南宁州（即南朝时期的宁州），然而，事实上，当地仍由爨氏家族管辖。不久，爨族起兵反隋，隋文帝派大将史万岁率兵征讨，爨族大败，其主要将领爨震、爨玩被杀，爨族的威胁暂时解除。

隋炀帝时期，爨族分裂成东、西两部分，东爨称"乌蛮"，西爨称"白蛮"，西爨又被称为六诏，主要由6个部落组成，其中的蒙舍诏就是后来南诏和大理的前身。

此外，在东北一带（这里指东北亚，亚洲的东北部地区），还潜伏着高句丽、新罗、百济、倭国等边患。

高句丽，国都长安城（今平壤），也是一大强国。隋朝灭南陈，统一中国后，隋文帝要求周边国家以臣自属，大部分国家都表示顺从，只有高句丽阳奉阴违。598年，高句丽婴阳王率兵攻打辽西地区，怒不可遏的隋文帝发兵三十万，从水陆两路向高句丽发动进攻，后因为路途险恶，将士死伤惨重，隋文帝只好下令退兵，不久，高句丽婴阳王派使者到隋朝请和，双方和平。

百济只是个小国，开皇初年，百济派使者入隋。隋朝派兵攻打南陈时，有部分战船从海中漂入百济管辖地区，百济首领派人送回，并向文帝恭贺隋朝统一。至此，百济一直与隋朝保持友好关系，后隋炀帝攻打高句丽时，百济曾声言会协助隋军，实际上，百济居心不良，它与高句丽也一直保持友好，并图谋在两国之间图利。

594年，新罗派使者入隋，隋文帝封其王真平为"高祖拜真平为上开府、乐浪郡公、新罗王"，隋炀帝时期，新罗也常常派使者入隋。

倭国（今日本，当时为飞鸟时期），曾多次派使者来隋，以示友好，大业三年（607年），倭国派使者小野妹子携带国书出使中国，大业三年（608年），隋炀帝派裴世清回访日本。

契丹、靺鞨等族，有的归附隋朝，有的派使者向隋朝进贡，隋文帝对他们都做了妥善的安排。

隋文帝根据周边各族的实际情况，采取了不同的政策，对突厥采用了离强合弱、恩威并用的策略；对西域采取以和为主的方针；对东北、长江流域诸族采取"以德御之"的怀抚政策，这些措施为隋朝赢得了一个"二十年间，天下无事，区宇之内晏如也"的生活和生产环境，也为隋朝稳定政治、发展经济提供了有利条件。

局势分析

在我国古代，国家与周边各族的和平，是一个国家稳定发展的重要保障，封建王朝势力相对强大，为了保证自己国家的统一与安全，常常会实行"朝贡—册封"的方式。

隋朝初期，匈奴、羯胡、鲜卑、氐、羌等各族已经与汉族融合，民族之间的矛盾基本消失，但是，由于经济形态、种族风俗等众多复杂因素，仍有一些相对独立的民族及其政权存在，比如：突厥、吐谷浑等，随着各族之间的生产斗争、阶级斗争、民族交往、融合，他们之间的关系开始走向融洽，和睦。

隋文帝安抚四夷，和睦邻邦，维护了隋朝的和平与稳定，为隋朝的繁荣与发展提供了条件。

说点局外事

中国和日本最早的官方交往可追溯到汉朝，《汉书》记载："夫乐浪海中有倭人，分为百余国，以岁时来献见云。"公元57年，倭国派使节到洛阳朝贺，献奴隶百六十人，光武帝赐予印绶，这是中日官方往来最早的文献记录。

大业三年（607年），以小野妹子为首的日本使团终于抵达洛阳，小野妹子称隋炀帝为"海西菩萨天子重兴佛法"，并告知炀帝：自己带了一批日本佛僧前来中国学习佛法。

稍后，小野妹子又呈给隋炀帝一封由日本天皇书写的国书。隋炀帝看后，心中很是不满，原来，国书的开头为"日出处天子致书日没处天子无恙"，当时，只有中国皇帝才可以称"天子"，而日本天皇在国书中称自己为"天子"，这让隋炀帝大为不快，但隋朝当时正在发兵征讨高句丽，隋炀帝不想树敌，因此，并没有对日本的失礼多加计较，仍于第二年派裴世清等13人回访日本，这次回访意义重大，加深了中国对日本的了解。

而此时的日本国内并不太平，为了恢复朝鲜半岛南部任那的势力，日本天皇派兵征讨新罗，但并没有取得胜利。为了弥补军事力量上的不足，日本天皇希望通过加强与中国的交往，来向新罗施加压力，这种意图在日本遣隋使出使中国中便能看出来。

小野妹子带着隋朝回访团裴世清一行回到日本后，声称：自己不慎将隋炀帝写给日本天皇的国书丢失。当时，日本朝内有大臣建议应判处小野妹子流刑，多亏圣德太子及时出面劝阻，小野妹子才逃过一劫。

史学家们对小野妹子失书之说进行了三种推测：

第一种，国书确实被丢失；

第二种，隋炀帝写给日本天皇的国书中有部分指责言辞，小野妹子担心日本天皇看后不悦，惩罚自己，甚至将中日修好失败一事怪罪到自己头上，所以故意将国书毁掉了；

惩罚自己或导致中日修好失败，所以耍滑头而故意毁掉；

第三种，国书并没有丢失，而是由小野妹子秘密呈给了日本天皇。日本天皇看到国书上有不利之词，担心散播出去后会影响中日交往，所以命小野妹子说国书丢失。

以上几种说法至今尚无定论，不过，可以确定的是小野妹子失书一事避免了中日之间因为国书而关系紧张，裴世清一行也因此回访成功。

大业五年（609年），裴世清等人返回中国，小野妹子作为送隋使回国之使再次来到了洛阳，并向隋炀帝献上了国书，此次的国书吸取了上一次的教训，开头改为"东天皇敬白西皇帝"，巧妙地避开了中日两国之间主从上下的关系。

就这样，隋朝出于远交近攻的需要，日本出于学习中国文化、体制的需要，使得两国的官方交往开始走向高潮。

建大兴城，开广通渠

隋朝开国初期，并没有迁都，仍沿用的北周的旧都城长安，但此时的长安城，由于战乱的摧毁，已经变得残破不堪，而且，长安城的宫室形制狭小，无法适应隋朝统一国家都城的需要，再加上，几百年来长安城的污水沉淀，无法排出，人民的饮水供应都成了问题，因此，隋文帝决定将龙首原（今西安市龙首村未央区、新城区和莲湖区三区交界处）以北的旧长安城放弃，另寻新址建造新城。

隋文帝将新城选址问题交给了宇文恺办理，宇文恺是隋朝著名的建筑家，他先对旧城周围的地形进行了勘测，最后将新城地址定在了东南方向的龙首原南坡一带，这里三面临水，一面傍山，是建造新城的理想之地。

开皇二年（582年）六月，新城开始破土动工，由高颍担任营建正，宇文恺担任副监，实际上，"制度多出于颍"，新城的修建工作主要由宇文恺主持，不论是规模计划，还是营造施工，均由他包揽。《本传》记载："颍虽总大纲，凡所规划，皆出于恺。"

同年十二月，新城基本建成，次年三月即迁入使用，新城从修建到完工历时九个月，堪称世界都市建设史上的一大奇迹。

大兴城规模宏大，布局严谨，建设之快，在我国建筑史上有着里程碑的意义，在当时世界建筑史上也是无与伦比的。

宇文恺设计建造的大兴城，主要有以下几个特点：

一是，气象雄伟，规模宏大。大兴城大体呈正方形，采用东西对称的布局，由宫城、皇城、外廓城三部分组成，总面积达83.1平方公里，其中，外廓城占全城总面积的88.8%。当时的大兴城面积是今天西安市旧城的七倍之多，比北京旧城还要大上不少。

二是，大兴城实行分区设计，宫殿、衙署、住宅、商业区各有自己的区域，改变了以往"前朝后市"的传统，以及"人家在宫阙之间"的混乱居住情况，同时，居民住宅区的扩大也是大兴城总体设计上的一大特点。

三是，大兴城遵循的是里坊制的设计原则，全城呈网格布局，东西向大街与南北向大街纵横交错，将城内分为110个方块，每个方块称为一"里"，不但交通方便，看起来也很美观大方。

四是，城内的街道宽直，平面布局整齐划一，废弃了以往杂乱无章的局面，11条南北大街，14条东西大街，再加上里内街道以及与居民住宅区相通的巷、曲等，共同构成了大兴城便利的交通网。

此外，大兴城充分利用了地形的优势，冈原之间的低地，除居民的住宅区外，剩下的用来开渠引水，挖掘湖泊，增大水域。丰富的水源，不但

为航运交通提供了便利，美化了城内景色，还排除了城内积水。

这些都是大兴城的独到之处，后来，唐帝国也在此建都，并将大兴城改名为"长安城"。

大兴城的规划布局对中国后来的城市以及别的国家城市的兴建都有深远的影响，日本的平城京和平安京，在官城位置，坊市配置，街道设计和名称上，基本都是仿照大兴城而建。

大兴城的修建标志着中国古代城市建设水平的发展，综合体现了隋朝的经济实力和科技水平，在当时，大兴城被誉为"世界第一城"。

大兴城建好后，隋文帝在水利工程上也做了变动。隋朝虽然有着肥沃的土地，但地狭人众，每年生产的粮食都不足以供应京师，必须要依靠东方诸州的赋税补给。然而，大兴城主要的河流渭河大小无常，流浅沙深，常常给东粮西运造成影响。为了满足漕运需要，隋文帝决定另开漕渠。

开皇四年（584年），隋文帝命宇文恺负责开凿广通渠，蒋渭水引入黄河。广通渠从大兴城东到潼关，全长300多里，于当年六月开工，三个月后就顺利建成了。

广通渠的修建，改善了当时的漕运，也灌溉了两岸的农田，为百姓带来了福利，所以人们又叫它"富民渠"，仁寿四年，广通渠改名为永通渠。

这一工程也是隋朝开凿大运河的先声，它的顺利建成为后来大运河各段的开凿积累了丰富的经验。

局势分析

根据历史记载和现今的考古实测，大兴城的大致轮廓，今已概知。大兴城南北长8651米，东西长9721米，周长为37.6公里，城墙平均宽约5米，高约6米，总面积约84平方公里。全城一共有12座城门，东西南北墙各有3门，城北的大片土地被开辟为皇家花园，称为"禁苑"。

城内的宫城、皇城和外郭城则是按照性质、作用来设计建造的。宫城位于全城的最北正中方向，南半边是皇帝平时处理政务的场所，北半边是皇帝、嫔妃们休息的地方，即：后宫，这样的布局也就是所谓的"前朝后寝"。宫城的正中央是全国的政治决策中心——大兴宫的所在地。

宫城南边的中门叫作承天门，是皇帝宴饮群臣，接待外宾的地方。承天门外有一条大街，也可以称为广场，东西长3千米、南北宽450米，街南即是皇城，又被称为"子城"，是百官的衙署。宫城和皇城以外的地方全部属于外郭城。

外郭城主要是官民的住宅区和集市区，内置商店、作坊、庙宇以及一些游乐设施等。另有东西二市，是纯粹的商场，各占地约十万平方米。

全城一共有3条水源：第一条是龙首渠，引自沪水；第二条是永安渠，引自交水；第三条是清明渠，引自满水（又作"沈水"）。将水引入城内后，或随流排灌，或开为航道，或汇成池塘，或点缀风景，可说是城市的人造动脉。

宇文恺负责设计建造大兴城时只有28岁，他在建筑方面的专业才能自营宗庙后，就已得到朝廷的公认。大兴城之所以建筑快，用时短，是因为它是从平地开始建筑施工的，早在建筑大兴城之前，宇文恺就做了详细的规划，他经过实地勘察，设计出总体建筑方案，并绘制好了具体的施工图样，而平地施工相较于拆修改造要容易得多，因此，大兴城的建造速度才会如此之快。

隋朝祚短，隋文帝晚年的时候多住仁寿宫，后来的隋炀帝常年居住在洛阳，以至于新建的大兴城和大兴宫长期受到冷落，直到唐朝入主长安，将其改名为长安城，增修了大明宫，高其城墙，崇其城楼，大兴城才有了新气象。

这么说绝不是史学家数典忘祖，故意夸大唐代的增修，而忽视隋朝对大兴城的杰出贡献，宋代经学、地理学家吕大防说："隋氏设都，虽不能尽循先王之法，然畦分棋布，间巷皆中绳墨。坊有墉（墙），墉有门，遁亡奸伪，无所容足。而朝廷、宫寺、门居、市区，不复相参，亦一代之精制也。"虽有感于宋之汴京，然作为古代帝都，吕氏之前，实无有超过大兴城者。

说点局外事

宇文恺，字安乐，鲜卑族人，隋朝著名的建筑工程专家，生于西魏恭帝二年（555年），卒于隋炀帝大业八年（612年）十月。

宇文恺出身贵族世家，其父宇文贵爱好武艺，是西魏十二大将军之一，北周时，被封为大司徒。史书记载：宇文贵年少时曾跟着老师学习，但他十分厌倦诗文，一次，他扔下书本对老师说道："男儿就应当征战沙场，建功立业，怎么能向老师一样每天和书本打交道，做博士呢？"长大后，他便从军作战，因战功卓著，多次受到朝廷的奖赏，宇文家族也逐渐显赫起来。宇文恺的大哥宇文善、二哥宇文忻也向他的父亲一样，是北周著名的武将，身居要职。

身为功臣之后，宇文恺2岁时，便被赠爵双泉县伯，6岁时又被晋封为安平郡公，但宇文恺并不喜欢骑马打仗，他从小就对弓马、刀枪之类的物品不感兴趣，反而喜欢博览群书，尤其是对建筑方面的知识非常痴迷。

隋文帝建立隋朝后，为了巩固政权，彻底断绝北周残余势力复辟的念头，曾对北周皇族宇文氏大开杀戒，宇文恺也在被杀之列，但隋文帝念在他博学多才，且其兄宇文忻对自己有拥戴之功，特意免他一死。

后来，宇文恺由于在建筑方面颇有名气，隋文帝、隋炀帝便多次命他监造国内的土木工程。他曾任检校将作大匠、仁寿宫监、将作少监、营造东都副监、将作大匠以及工部尚书等职，这期间，他还担任过莱州刺史，在朝内很有名气。

宇文恺一生中主持修建了很多大型建筑，大兴城和后来的洛阳城是其最大的功绩，为以后各代都城建设树立了样板，在我国古代建筑史上占有重要的地位，也展示了宇文恺在建筑方面卓越的才华。

设置粮仓，改革货币

随着百姓耕地面积的扩大，赋税的增多，隋王朝从民间征得的实物越来越多。每年，都有大批的谷物和绢帛从全国各地运往西京长安和东京洛阳。为了将这些征集物集中起来，便于搬运，隋文帝便下令沿着漕运水道在今天的陕西，河南境内修建了许多粮仓，其中，最著名的有兴洛仓（在今河南巩义东北）、回洛仓（在今河南洛阳）、常平仓（在今河南三门峡市东南）、黎阳仓（在今河南浚县）、广通仓（在今陕西华阴）等，每个粮仓存储的粮食都在百万石以上。

隋文帝时，修建的粮仓主要有两种，官仓和义仓。官仓主要是用来供养军公人员，其目的是提高关东漕运的效率，将原来关东各州单独向京师输粮改为集中和分段运输。同时，隋文帝还下令在黄河沿岸设置了米仓，相当于一个中转站，先把各州的粮食运输到此处，再利用黄河及广通渠运送到京师，这样一来，不但节省了时间，也节省了人力物力。

开皇五年，孙平向隋文帝建议，在民间以社为单位，设置义仓（由于这是社办的仓，因此也叫"社仓"），并号召社员们捐助谷物，以备饥荒时赈济灾民，义仓由当社的首领负责管理，隋文帝同意，即刻下令予以执行。

开皇十五年和十六年，隋文帝又下令将西北诸州（大致位于今甘肃、宁夏和陕北地区）的义仓改为州或县管理；捐助粮食的形式也改成按户等定额征税，并规定：上户不过一石，中户不过七斗，下户不过四斗。其他各州的义仓从此之后也照此管理，至此，义仓转变成了朝廷可随意支用的官仓。

据记载，隋朝粮仓的殷实是历史上少有的，《通典》中说"隋氏西京太仓，东京含嘉仓、洛口仓，华州永丰仓，陕州太原仓，储米粟多者千万石，少者不减数百万石。天下义仓，又皆充满。京都及并州库布帛各数千万，而赐赍勋庸，并出丰厚，亦魏、晋以降之未有。"

贞观十一年，监察御史马周对唐太宗说，李密聚集官兵造反，就是因

为他背后有一个隋朝的粮仓，而且，这个粮仓到现在还没有吃完。根据唐人记载，隋文帝末年，存储的粮食可以供唐朝使用五六十年。这固然可以反映隋朝的富足，社会生产的上升，但也从侧面说明了封建统治者对百姓劳动成果的掠夺。

除置办粮仓外，隋文帝还着手整顿了货币制度。从汉朝开始，一直到三国两晋南北朝时期，都有铸造"五铢钱"的传统，只是到了南北朝时期，由于政局的混乱，每个国家铸造的货币都不统一，不管是从大小上，还是从轻重上来说，都有很大的区别，有的甚至分量不够，也就是虚值钱，更严重的是，民间私自铸币成风，导致市场上流通的货币极其混乱，给经济的发展带来了严重的影响。

开皇初年，隋文帝下令废除以往混乱的古币制度，重铸"五铢钱"，五铢钱背面肉好，皆有周郭，重如其文，每钱一千重四斤二两，又被称为"隋五铢"。

刚开始铸造新钱时，隋文帝责令负责官员严把质量关，在重量和大小上都要严格统一，并规定，除朝廷外，各地晋王、蜀王也要一起熔铸新钱。

为了禁止人们继续使用旧币，或是那些私人铸造的钱币依旧在市场流通，隋文帝命各地方加大查核力度，对入关客商所携带的铜钱要仔细检查，认真比较，凡是和标准五铢钱不一样的，坚决没收，重熔为铜，以待再铸。同时，如果发现了以往朝代所用的钱币，一律没收，销毁再铸。对那些使用以前朝代货币的人，不论官民，严惩不贷。

铸新钱、没收或销毁古旧钱币、加大检查和惩处力度，隋文帝就是通过这样的措施一步步统一了隋朝的货币，结束了以往通货混乱的局面，然而，民间的铸币之风却没有因此完全消除，到隋炀帝时，甚至愈演愈烈，隋朝的货币流通也因此再次陷入了混乱之中，劣币重新泛滥，直至其灭亡。

局势分析

和货币同一时期得到统一的，还有度量衡。度量衡，顾名思义，它是我们生活中用来计量物体长短、容积、轻重的统称，最先发展于父系氏族社会末期，后因为国家的不断变化，计量统计方式也出现了不同。

南北朝时期，各国对度量衡规定标准不一。例如，北朝魏时，齐一斗相当于古二斗（古斗是新始祖王莽所定的标准），一斤等于古二斤；北周时，一斗仅仅比古斗大百分之六，一斤要比古斤多二两；南齐时，一斗相当于古一斗五升，一斤等于古一斤八两。在长度方面，北朝时，一尺要比古尺多二到三寸；南朝时，只比古尺多不到一寸。

由于度量衡的不统一，给全国工商业的发展带来了很大的不便，因此，隋文帝决定统一度量衡，经过与众大臣商量，隋文帝规定：隋一尺等于古尺一尺二寸八分，等于南朝的一尺二寸；隋一斗等于古斗三斗；隋一斤等于古三斤，并下令，将此计量方法在全国推行。

隋文帝统一度量衡，规范了全国的度量标准，为人们从事经济活动提供了便利的条件，解决了各地区之间因为计量的差异给经济发展带来的障碍，推动了经济的发展；同时，保证了国家的赋税收入，推动了隋朝赋税制和俸禄制的统一。

清初著名学者顾炎武在其著作《日知录》中曾这样说："三代以来，权量之制，自隋文帝一变。"唐承隋制，只是在隋朝的基础上稍作变动，但基本上仍保持隋制。

说点局外事

"隋五铢"有两种，开皇六年至仁寿四年（公元581—604年），隋文帝下令铸造了"开皇五铢"，也叫做"置样五铢"。为了保证新钱的质量，并使其在全国推行，隋文帝对新钱的大小、轻重都做了明文规定。

开皇五铢，外圆内方，象征着天地乾坤，样式精美，大小有别，轻重不一。标准钱直径为 2.5 厘米，大约重 3.0—3.4 克；小型钱直径一般为 2.3 厘米，重约 2.25—2.3 克。开皇五铢的面文为篆文，需横读，"五"和"铢"字分别在小孔的两边，"五"是交笔斜直或有弯曲，"铢"字中的"金"字头较小，旁边的"朱"字呈方折型。穿孔为方形，右边铸有一竖线，正背两面皆有廓。开皇五年（公元 585 年），隋朝的货币得到了统一，专行五铢钱。

隋炀帝称帝后，又于大业年间（公元 605—618 年），铸造了"五铢白钱"。此钱，在制作材料中加入了锡、铅以及其他一些金属，因此，钱色发白，故又被称为"白钱"。其外形、大小、轻重都和开皇五铢相同。

隋炀帝苛贪残暴，好大喜功，挥霍靡费，总是欺压、剥削百姓，隋朝在他的治理下日渐衰败，通货膨胀，币制大乱，人们对他很是不满，都盼着他早日倒台。隋五铢上的"五"字左边都有一条竖线，转过来看很像一个"凶"字，人们便说："杨广铸造的钱是凶钱，他也注定凶多吉少，没有好下场。"隋朝灭亡后，通行了七百多年的五铢钱被废除。

政通人和，百废俱兴

隋朝上承南北朝，下启唐朝，是我国政治、经济、文化发展最为繁盛的时期之一，它所创造的政治体制、发达的文化以及繁荣的经济，不仅在我国历史上，在人类文明史上都占有重要的地位。

在政治安定、社会生产全面发展、百姓安居乐业的情况下，隋朝的经济蒸蒸日上，手工业、纺织业、制瓷业、建筑等都有了很大的发展。

隋朝的手工业在北周的基础上有了很大发展，成都和魏郡（今河南安阳）等地的手工雕刻制造精美，享誉全国。有部分百姓以家庭为单位，将农业和手工业相结合，满足生活所需，此外，大部分有专业技能的手工业工匠都生活在城市，他们与自己的家庭成员共同经营作坊，父子相传，成为匠户。

在手工业的影响下，隋朝的商业贸易也呈现出欣欣向荣的景象，隋朝初期，在南北交通要道汴州城外就有很多商人散客闲居，北齐故都邺城城外也居住着许多商贾、工匠。为朝廷建造战船和龙舟的工人大多是来自民间的丁夫，其中，也有一些造船技能高超的专业工匠。

长江流域一派繁荣，过往商船络绎不绝。沿江东下，江陵、豫章（今江西南昌）等地，包括长江下游一带，商业贸易都比较发达。

作为隋朝对外贸易的主要通道，陆海两道的丝绸之路有着非常重要的地位，陆道以张掖为中心，西北各族和外国商人大多聚集在此地，隋炀帝特派大臣裴矩到张掖去主持贸易事宜。

南海（今广东、广州）是当时最大的贸易港口，主要以输出丝绸，象牙珠宝等传统商品为主，长安和洛阳先后作为都城，是隋朝最繁盛的地方，后洛阳的经济发展甚至超过了长安。

河北是我国历史上著名的丝织业中心，隋朝时，河北相州生产的绫纹细布，花纹精美，非常华丽，蜀郡绫锦雕镂之妙，更是名扬天下。史籍记载，在邺城郊郭生活着一大批商贾，他们擅长手工，技艺精湛，进贡朝廷的绫文布就出自这里。

隋朝的制瓷业发展迅速，特别是白瓷和青瓷的制作，在今天出土的隋朝文物中，考古学家发现了白瓷和碧玻璃瓶，这说明，隋朝时期，我国的陶瓷手工业已经有了较大的进步。

隋朝的建筑技术空前繁盛，由于统治者大兴土木，多次建造大型行宫别苑，隋朝的建筑技术得以快速发展，隋朝建造的赵州桥，是我国现存的最古老的大石桥，它的建造，比欧洲同类空腹式桥梁要早近800年。

赵州桥又叫安济桥，位于河北省赵县，是我国古代桥梁建筑工程中最杰出的代表，由隋朝工匠李春主持建造。可惜的是，史书中对李春的记载并不多，他的生平事迹、生卒年月我们已无无从得知。

在唐代中书令张嘉贞为赵州桥写的"铭文"中，有这样一段记载："赵郡汶河石桥，隋匠李春之迹也，制造奇特，人不知其所以为。"查阅本书的史料记载，大致可以推断，赵州桥建造于开皇十五年至大业初（595～605）。

赵州桥全长 50.82 米，宽 9.6 米，跨度为 37.37 米，是一座单孔弧形大桥，由 28 道独立拱券组成，结构新奇，造型美观。考虑到雨季排洪、减轻桥身重量、节省石料等问题，在大桥洞顶两边拱肩里，分别砌有两个圆形小拱，左右对称，这在我国的建桥史上可是前所未有的。在桥两边的栏板望柱上，还雕有造型生动的图案。

赵州桥的桥面被划分为三条区域，中间为车马通道，两侧是行人通道，这样不仅避免了车马与人相撞的事情发生，也加大了桥面的通行率。在当时，能制作出这样的设计方案，李春的聪明才智和建筑经验不得不令人佩服。

从整体结构来看，赵州桥线条刚劲之中透露着柔和，隐重之中更显轻灵，雄伟之中含隽永，远远观望，弧形平拱和敞肩小拱给人一种矫健、轻盈的美感。

赵州桥主拱顶上雕有龙头，桥侧以八瓣莲花的仰天石做点缀，这些精美的雕像，有希望大桥永存，免遭水害的寓意。

赵州桥横跨洨河，宛若长虹，气势雄伟。大桥顶部，有传说中吸水兽的石雕；栏板和望柱上，则刻着各式蛟龙、兽面、花饰、竹节等，其中，蛟龙的造型最为精美，或盘踞而坐，或游水嬉戏，变化莫测，这些雕像风格新颖，遒劲有力，可谓是隋朝雕刻作品的典型代表。1991 年，赵州桥被美国土木工程师学会作为第十二个国际历史土木工程的里程碑。

千百年来，赵州桥虽历经无数次风雪侵蚀、地震冲击和战争破坏，但至今仍傲然挺立，堪称世界建筑史上的一个伟大奇迹，它首创的敞肩拱式结构，开一代桥风，被西方学者称为现代钢筋混凝土桥梁的祖先，赵州桥充分展现了我国古代劳动人民的智慧和才能，也以其独特的建筑风格被誉为"天下第一桥""世界奇迹"，后来，人们在建造石桥时，便以赵州桥做借鉴。

伴随着经济的发展和国家的统一，隋朝都市有了进一步的发展。长安（今陕西西安）和东都洛阳作为全国政治、经济、军事、文化中心，比以往各朝更加繁荣。

长安、洛阳、开封、成都、扬州、广州、明州（今浙江宁波）、泉州等都是当时比较著名的都市。

局势分析

隋文帝开创了开皇之治的太平盛世局面。隋朝是我国历史上经济最繁荣、国力最雄厚、文化最昌盛的朝代，是当时世界上第一大国。隋文帝时期，创立了柜坊，主要负责货币的存放和借贷，这是世界上最早的银行雏形，比欧洲的金融机构足足早了六七百年。

隋朝也是我国古代经济、科学、技术快速发展的时候，它的综合国力，宏大格局，都是别的朝代无法比拟的。在当时，中国是世界上最先进、最繁荣、最富庶的国家。

只是，在经济上，隋文帝遵循的是以农为本的原则，他封令狐熙为汴州刺史，并下令抑制工商。开皇十六年，文帝下令不准工商入仕为官。从这里，我们不难看出封建王朝重农轻商的传统。

隋代的手工业、商业虽然有了较大的发展，但基本上仍属于自给自足的性质，这主要是因为：隋代手工业继承的是前代体制，大多数以家庭手工业和官府手工业为主，且店铺必须设置在官置的市内，官市则仅限于郡、县治所。

说点局外事

由于战争频繁，我国的疆域也在不断变化。史学家们将从《尚书·禹贡》九州开始至清朝极盛时疆域，作为中国疆域原型。中华人民共和国成立后，中国的疆域又发生了变化，演变成"雄鸡"形并一直延续至今。

在我国历史上，隋朝是第一个正式建立行政区的国家。南北朝末期，主要有北周、突厥和陈朝三个主要政权。隋文帝登基后，隋朝拥有1100多个县、2900多万人口，这时的疆域主要是长江以北，长城以南，东至沿

海，西达四川的广大地区，后来，隋文帝实行了一系列措施来发展生产，增强国力，扩大疆域。

在云贵高原，开皇十三年（593年），隋文帝在于味（今云南曲靖市）设南宁州总管府，管辖东至今贵州西部，西至云南大理州一带，数年后，由于爨族反抗而放弃。

当时，突厥仍是北方一大强族，它的疆域东至辽河下游，西至里海，南至大漠北，北至贝加尔湖。不过，后来，突厥内部发生内讧，分成东西两部分，分据隋朝北部和西北部地区，东突厥占据阿尔泰山以东的蒙古高原，西突厥占据阿尔泰山以西至雷翥海（里海，也有说法是咸海），主要包括准噶尔盆地、伊犁河流域和楚河流域。

在西北，隋文帝派兵征讨突厥，胜利后，取得了今新疆哈密地区。隋炀帝登基后，于大业四年（608年），在此设置了伊吾郡。

不久，隋炀帝又率兵征战吐谷浑，取得了其故地，设四郡。史书记载，吐谷浑"其故地皆空，自西平临羌城以西，且末以东，祁连以南，雪山以北，东西四千里，南北二千里，皆为隋有"。

大业元年（605年），隋炀帝派兵灭了林邑国，设三郡，分别是比景、象浦、海阴，海阴位于西汉日南郡旧地之南，只是，林邑残部趁随军撤退后，又收复故地，隋朝的南界大致还在横山一带。

隋炀帝时，在海南岛重新设立行政区，这可以说是一次重大事件，生活在海南岛上的俚人首领冼夫人为行政区的成立做出突出贡献。

俚人早先生活在今广东西江流域，后来逐渐发展到海南岛上，冼夫人在俚人中有很高的威望，被推举为首领，"归附者千余洞"。梁、陈两国很早之前便在海南岛设置了崖州，但事实上，俚人并不受其控制，冼夫人率众归附隋朝，使隋炀帝得以顺利统治海南岛。

大业年间（605～618），隋炀帝在海南岛上复置珠崖郡，辖义伦、感恩、颜卢、毗善、昌化、吉安、延德、宁远、澄迈、武德10县。珠崖郡设置在义伦县，后又从珠崖郡中分出延德、宁远两县，设临振郡。隋炀帝又派扬州司隶刺史前去管辖珠崖、临振两郡。从这之后，大陆对海南岛的行政管辖权再也没中断过。东北地区，由于隋朝征高句丽以失败而告终，边界仍在辽河一线。

除元以外，隋朝是我国历史上由汉人建立的最大版图的帝国。开皇九年，波斯帝国的统治者派使者入隋，表示愿归附隋朝。也就是说，如果按属国来算的话，波斯帝国也算是隋朝的西陲边境。仁寿年间，隋朝灭交趾，收复越南全境。此外，北方游牧民族奉隋文帝为共主，如此说来，隋朝北方可说是无国界，其一直延伸到西伯利亚，从中，我们不难看出隋朝的强盛。

《颜氏家训》

《颜氏家训》在我国的家庭教育发展史上有着重大的影响，据记载，此书完成于隋文帝灭陈之后，隋炀帝登基之前（约公元6世纪末）。在漫长的封建社会里，一直被人们作为家庭教育的范本，广为流传，经久不衰。

其作者颜之推是我国著名的思想家、教育家、经学家、文学家、文字音韵学家，生活于南北朝后期至隋朝初年，被人们称为6世纪后期"最博学而有思想的学者"。颜之推的一生颠沛流离，坎坷不断，但他爱好读书，博学多才，通晓古今，见地深远。晚年所撰写的《颜氏家训》一共有七卷二十篇，是他对自身士大夫立身、处世、为学经验的总结，为我国古代家庭教育奠定了坚实的基础。

颜之推，字子介，是孔子最得意的弟子颜回的第三十五世孙，祖籍琅琊临沂。9岁时，父亲颜协去世，家道中落，颜之推跟着两位哥哥生活。12岁时，颜之推开始接触老庄之道，没多久，他便觉得，道家学说只会夸夸其谈，不符合实际生活，于是兼修了《礼》《传》。长大后的颜之推风度翩翩，文采出众，只是在生活上，常常不拘小节，喜欢嗜酒放纵。

颜之推生活在战乱之年，长期漂泊在江南、关中、山东、河北一带，历经四朝（南朝梁、北齐、北周、隋朝），多次被俘，三次成为亡国之人，正如他在《观我生赋》中所说："备茶苦而蓼辛，鸟焚林而铩翮，鱼夺水而暴鳞，嗟宇宙之辽旷，愧无所而容身。"

隋朝建立后，颜之推被太子杨勇召为学士，这一时期，可说是颜之推这一生过得最舒心的日子。他久经战乱，却在生命即将结束的岁月里看到了"今日天下大同"，故此感到非常高兴。颜之推在隋朝生活的时间很短，开皇十一年（591年）便因病去世，然而，就是在这几年的时间里，他才最终完成了那本影响深远的《颜氏家训》，为儒家伦理的重构做出了重大贡献。

颜之推一生著作颇丰，光史书中记载的就有：《文集》三十卷、《笔墨法》一卷、《稽圣赋》三卷、《征俗音字》五卷、《训俗文字略》一卷、《集灵记》二十卷、《急就章注》一卷、《还冤志》（又名《冤魂志》、《还冤记》）三卷。只是，他的大部分作品都已经失传，《颜氏家训》并不是其最主要的著作，但流传至今的只有这一本，因此，史学家们只好将此书作为他的代表作加以研究。

颜之推撰写《颜氏家训》的初衷是要求子弟们"明六经之指，涉百家之书"，即：将儒家经典作为最主要的学科加以学习，同时，兼修各家之言，并注意对实用知识的学习。他教育子弟们要勤学守行，应世经务，学以致用，做一个勤奋、博学、厚重又务实的人才。

颜之推主张教育从严，勤于督训。他教育子弟们要做到"识人颜色，知人喜怒，……使为则为，使止则止"，长辈们说话，要专心聆听。此外，他还十分重视环境对人们的影响作用，并教育子弟们交友要慎重，他说："与善人居，如人芝兰之室，久而自芳也；与恶人居，如入鲍鱼之肆，久而自臭也。……君子必慎交游焉。"

对子弟们的学习态度，他也十分注重，他认为：人要有谦虚的学习态度，不能刚学到一点知识就妄自尊大。他说："见人读数十卷书，便自高大，……如此以学自损，不如无学也。"

他还认为，儿童时期，人们的注意力比较集中，成年后思想比较分散，所以，儿童时期的学习效果要比成年后好很多，但如果幼年的时候因故失学，长大了要努力争取学习机会，"犹当晚学，不可自弃"。

对孩子，他主张爱与教育并施，不能只有爱没有教育，否则，孩子长大后，"捶挞至死而无威，忿怒日隆而增怨。逮于成长，终为败德"，一旦触犯法律，受到制裁，后悔也来不及了。

同时，他还主张对孩子进行规范的语言教育，他认为"九州之人，言语不同"，字不同，音不同，不但影响彼此之间的交流，还会阻碍国家的统一。他说："吾家儿女，虽在孩稚，便渐督正之。一言讹替，以为己罪矣！"

《颜氏家训》成书后，很快在社会上掀起了一股浪潮，当时的文人们对此书的评价很高，后来甚至将它尊奉为安身立世的宝典。书中的一些观点在现在看来虽然有点片面，但其朴实的语言，贴切的说理，对后世仍有着不小的影响，其中有很多观点甚至引起了历代文学理论家的关注。本书也在我国的散文发展史上有着重要的地位。

局势分析

颜之推19岁被封为湘东王国右常侍，至此，开始了他的仕途生涯。21岁时，被任命为郢州治所夏口（今湖北武汉）掌管记，侯景叛乱时，被俘，后被囚送到建康（今南京）。

次年，侯景战败，建康被梁军收复，颜之推回到江陵，被梁元帝萧绎封为散骑常侍，后奉命校书，在这两年的时间里，颜之推整日流连于宫中的藏书阁内，好学不倦，这为他以后的创作打下了坚实的基础。

554年，江陵被西魏占领，梁元帝被杀。西魏大将军李穆对颜之推很是欣赏，便向其兄阳平公李远推荐了他，第二年，颜之推来到弘农郡（今河南灵宝市北），投奔李远。

身在弘农的颜之推依旧不忘故国，不久，他听说梁元帝的儿子萧方智在建康继位，便带领一家老小冒着重重危险计划重回家乡。刚走到北齐

后，却得知梁朝大将陈霸先已经取梁自立，失望至极的颜之推想到就算回去也是前途叵测，于是，只好与家人先暂居北齐。

北齐文宣皇帝高洋对颜之推的文才仰慕已久，现听闻他在北齐生活，立刻命人前去召见。"见而悦之，即除奉朝请，引于内馆中，侍从左右"，就这样，颜之推成了文宣皇帝的御用文友。

然而，按照原先的计划，颜之推只是将北齐当做一个回故国的必经之地，并没想过在此多做停留，他曾在《夜渡砥柱》中写道"侠客重艰辛，夜出小平津。马色迷关吏，鸡鸣起戍人。露鲜华剑彩，月照宝刀新。问我将何去？北海就孙宾。"

只是，现在故国已不复存在，他只好断了南归的愿望。长期受正统观念熏陶的颜之推无意事异主，但形势所迫，为了养活一家老小，他又不得不继续留在北齐充当宫廷御用文人。不过，颜之推在北齐生活的二十多年里，一直无法抛弃正统观念，他的内心常常处于矛盾挣扎的状态。

尽管如此，颜之推仍因为博学多识、处事谨慎受到北齐诸帝的器重。后来，北齐后主高纬下令编修大型类书《修文殿御览》，由颜之推主持编撰，此书编例严谨，重视体例，对北齐的制度建设和文化发展做出了突出的贡献，不幸的是，《修文殿御览》并没有保存下来，留给后世的只有少数的残卷和残文，至今仍没有形成相应的专题研究。

好景不长，后主高纬荒淫无道，任用奸佞，不问朝政，颜之推出任平原太守时，腐朽的北齐政权已经风雨飘摇，不久，便被北周所灭，颜之推再一次成为亡国遗臣。

颜之推先后效忠于梁、齐两国，也接连两次承受了亡国之痛，为了抒发自己的哀伤之情，他痛定思痛，写下了著名的《观我生赋》，在赋中，他描述了国事的变迁，以及自己颠沛流离的一生，表达了在北朝寄人篱下、报国无门的愤懑情绪。

北齐灭亡后，颜之推投靠北周，周静帝宇文阐封他为御史上士，但不久，北周便被隋文帝杨坚取而代之，太子杨勇对颜之推很是敬重，召他入宫做学士，从这时起，颜之推开始安下心来著书立说，《颜氏家训》也在这段时间内成书。

说点局外事

颜之推命运多舛，"生于乱世，长于戎马，流离播越，闻见已多"，在隋朝为官后，便本着"务先王之道，绍家业之业"的宗旨，将自己的人生阅历，所见所闻，处世哲学等加以整理，编纂成《颜氏家训》一书来训诫弟子。

《颜氏家训》作为我国封建社会里的典范教材，开后世"家训"之先河，是我国古代家庭教育理论宝库中一份珍贵的遗产。纵观颜之推的一生，他并没有赫赫之功，也没有显赫的官位，却因为一部《颜氏家训》享誉后世，可见其家训影响深远。

《颜氏家训》是我国文化史上的一部重要典籍，南宋藏书家称它为"古今家训之祖"，在文章风格上，本书"质而明，详而要，平而不诡"；在内容上，"兼论字画音训，并考正典故，品第文艺"；同时，该书还有着"述立身治家之法，辨正时俗之谬"的现世精神。

因此，历代学者们对这本书都非常推崇，并将它作为家庭教育的典范。纵观历史，颜氏子孙在品行和才学方面都有着惊世表现，比如，唐朝注解《汉书》的颜思古；杰出的书法家颜真卿；大义凛然，以身殉国的颜杲卿等，他们在历史上都留下了辉煌的一笔，也足以见证其祖先颜之推所立的家训效用彰着。即使到了宋元两朝，颜氏家族在朝中为官者也大有人在，这令明清两代的后人钦慕不已。

从总体上来看，《颜氏家训》有着丰厚的文化内蕴，是我国古代非常优秀的作品，它不仅在家庭伦理、道德修养方面对后世有着深远的影响，同时，还有着很高的学术价值，为史学家们研究古文献学、南北朝历史、文化提供了很好的借鉴，而颜之推在乱世之中所表现出的明哲思辨，对后人也有着深远的影响。

"二圣"之治

回首苍茫历史，悠悠岁月里，可与彪炳史册的男子相媲美的女子不在少数。她们如璞玉般，无论岁月如何更迭，依旧散发着耀眼的光华。独孤皇后不乏这样的魅力，其名气虽不比一代女皇武则天，但是她在政治上的成就确实是无可厚非的。

独孤皇后，全名独孤伽罗，她大胆率真，既有着鲜卑女子的英气妩媚，又有着汉族女子的聪慧，柔情，是我国历史上一位杰出的女性政治人物。独孤伽罗14岁时，嫁给了大自己3岁的杨坚。

开皇元年（581年）二月，杨坚以兵不血刃之功，轻而易举地称帝，这在中国历史上是极其罕见的。当人们都把注意力聚焦在杨坚身上时，恐怕只有他心里最清楚，因为有独孤氏的大力支持，才使他赢得了更多的盟友，顺利登上了皇位，杨坚在心里不禁默默感怀妻子与他患难与共的艰苦日子。隋文帝杨坚登基大典次日，独孤伽罗被封为皇后，做了隋朝的国母。

母仪天下的独孤伽罗，与隋文帝奋斗了二十余年，终于坐享荣华富贵。然而，独孤伽罗成为皇后后，依旧谦卑自守，生活俭朴，不好华丽，平日里最喜欢的事就是读书。

史籍中曾有这样的记载：隋与突厥当时贸易来往频繁，突厥敬献给隋文帝一盒价值不菲的明珠，甚是珍贵，人见人爱。幽州总管殷寿劝独孤皇后留下，独孤皇后却婉言谢绝道："如今戎狄屡次侵犯我疆土，将士征战疲劳不堪，不如将八百万奖赏有功之士为佳。"

独孤皇后识古达今，每每与隋文帝商议国事，其看法往往与隋文帝不谋而合。隋文帝对她也格外宠爱，可谓是形影不离。

每天早上，隋文帝去上早朝时，独孤皇后都会与他同辇而行，行至大殿的后阁门后，隋文帝到前殿与百官朝会、商议国事，独孤皇后就自己在殿后等着，并派宦官来回传递朝会的情况。

有时候，独孤皇后发现隋文帝处理政事有失，会立即提出劝谏，让他纠正以保无误。隋文帝退朝后，两人再一起回宫。偶尔，独孤皇后会与隋文帝一起谈论朝会的情况，直说得隋文帝心中折服，点头称是，嘴里还不住地说："对！对！多亏你的提醒，使朕治政少失，多受弘益。"回宫后，两人一同进餐，直到一天政事完毕，方才一同安寝。

宫中的人看在眼里知在心上，索性把独孤皇后与隋文帝并称为"二圣"。隋文帝也觉得，独孤皇后是他的佳人伴侣，更是他政治上的得力帮手。她每每与自己"言及政事，往往意合"，这种默契，使他们夫妻二人之间有很多共同语言。

政治上的不谋而合，再加上独孤皇后"雅好读书，识古达今"，所以，隋文帝在日常政务上常常征求她的意见，开皇年间的很多政策，很难分清哪些是隋文帝的，哪些是独孤皇后的，总之，独孤皇后在政治上对隋文帝的影响很大。

在治理后宫方面，独孤皇后为了杜绝后宫内讧，制定了不少铁腕政策，颇有成效。虽然隋文帝对这些清规戒律有时不免反感，但不可否认的是，正是有了独孤皇后这些治理后宫的手段，隋文帝才有更多的精力投入到隋朝政事上。

在这期间，隋文帝内修制度，外抚戎夷，在政权建设、经济恢复与开发及边疆经营中，都取得了巨大成效。人口滋盛，仓廪丰实，"君子咸乐其生，小人各安其业，强无凌弱，众不暴寡，人物殷阜，朝野欢娱。二十年间，天下无事，区宇之内晏如也"，隋朝成为我国历史上又一个强盛的帝国。

独孤皇后不仅在后宫实行铁腕政策，她对自己兄弟姐妹的要求也甚是严格。一次，她同父异母的兄弟独孤陀因酗酒滋事，受到了独孤皇后的指责。没想到，独孤陀却因此怀恨在心，背地里借猫鬼诅咒独孤皇后，后被人告发，按照当时的法律，独孤陀应被判处死刑。

独孤皇后得知此消息后，很是伤心，气独孤陀不明白自己的苦心，三天没有进食，后她对隋文帝说："如果独孤陀蠹政害民，妾不敢为其说情，但如今独孤陀是因为诅咒我而犯罪，所以我请求赦免他。"

独孤皇后言必信，行必果。她有个任大都督的表兄叫崔长仁，其触犯了法律，当处以斩刑，隋文帝看在独孤皇后的情面上，有意赦免他。谁料独孤皇后不仅不谢，反而进谏说："国家之事岂可顾私。"要求将崔长仁处死。

隋文帝每一项政治举措几乎都隐隐留下了独孤皇后的痕迹，所谓"上亦每事唯后言是用"，后世也常有人讥讽他是个惧内的皇帝。实际上，隋文帝在后世中有"良主"的贤名，独孤皇后功不可没。

俗话说，后宫佳丽三千，皇帝怎可能不贪恋女色呢？但独孤皇后在世时，隋文帝却真的实现了"唯皇后当室，傍无私宠""虚嫔妾之位，不设三妃"。独孤皇后过世后，隋文帝哀恸不已，不久，便追随独孤皇后而去，临死前，隋文帝依旧念叨着独孤皇后。

不过，人无完人，独孤皇后生性善妒，以致隋文帝不敢与后宫其他女子有亲密的行为。另外，在处理王朝继承人的问题上她也有很大责任。在她的鼓动下，隋文帝废除了忠厚的太子杨勇，改立伪善的次子杨广，进而导致隋朝只存在了短暂的 37 年。

局势分析

北周时期的后妃制度很是混乱，隋文帝登基后，对这种现象进行了改革整顿，"唯皇后正位，傍无私宠"，对于女官的称号，并没有做详细的规定。

到了开皇二年（582 年），参照《周礼》，"著内官之式"，而且是"省减其数"。设嫔三名，主要是教育后宫人员四德，为正三品。设世妇九名，主要担任宾客祭祀，为正五品。设女御三十八名，主要负责女工丝织之事，为正七品。

独孤皇后崇尚一夫一妻制，在她的坚持下，隋初"虚嫔妾之位，不设三妃，防其上逼。自嫔以下，置六十员。加又抑损服章，降其品秩"。

直到独孤皇后去世后，隋朝才开始设置贵人三名，增嫔到九名，世妇二十七名，御女八十一名。这些人主要管理宫闱之务，六尚以下，都分别隶属其下。

一夫一妻是隋时最基本的婚姻制度，但在实际的社会婚姻生活中，这只是对妇女的限制，而对于拥有特权的男子来说，除妻子之外，还可以占有多个女子，具体表现形式为一夫一妻多妾媵制。

后来的隋炀帝就是典型，"炀帝时……贵妃、淑妃、德妃，是为三夫人，品正第一。顺仪、顺容、顺华、修仪、修容、修华、充仪、充容、充华，是为九嫔，品正第二。婕妤一十二员，品正第三，美人、才人一十五员，品正第四，是为世妇。宝林二十四员，品正第五。御女二十四员，品正第六。采女三十七员，品正第七，是为女御。总一百二十人，以叙于宴寝。又有承衣刀人，皆趋侍左右"。

隋朝的达官贵族也是姬妾成群，数以百十计。比如权贵杨素，"后庭妓妾曳绮罗者以千数"。又如大臣贺若弼，"婢妾曳绮罗者数百"。

隋王朝对后妃等级、称呼等都进行了详细的规定，形成了比较完整的后妃制度。

说点局外事

隋文帝平定南北，统一天下，是一个难得的贤君，不过，就是这样一个皇帝却因为怕老婆而名列榜单，成为人们茶余饭后的谈资。

俗话说：普天之下，莫非王土，率土之滨，莫非王臣。皇帝是一个国家最高的统治者，掌握着天下人的生杀大权，无数佳丽们磕破脑袋也想赢得他的宠幸。虽说皇帝是没有理由惧内的，不过，隋文帝可能要另当别论了。在野史传说中，隋文帝被当成是皇帝中怕老婆的一个典范。

早前，独孤伽罗曾逼着隋文帝发下重誓，这辈子绝不纳妾，不碰别的女人。迫于独孤家族的权势，隋文帝无奈之下只好答应。独孤伽罗赢得了她今后作为一国之母的第一个胜利。

作为皇后，独孤伽罗是很合格的，她尊敬长辈，崇尚节俭，在周隋交替之际，她运筹帷幄，全力出击，为丈夫，也为自己赢得了一个盛世王朝。

当初，周宣帝宇文赟与杨丽华之间发生小争执，周宣帝大怒，要赐死杨丽华。在这种情况下，独孤伽罗挺身而出，亲自入宫，跪在殿前请罪。经过独孤氏的苦苦哀求，周宣帝终于收回了成命，保住了杨氏一门的身家性命与富贵荣华。

要知道，夫妻吵架事小，床头吵架床尾和，但这关系到杨氏的富贵以及满门性命，独孤伽罗在关键时刻扭转乾坤，对隋文帝今后的发展起着决定性作用。

周宣帝死后，小皇帝宇文阐继位。独孤伽罗再次入宫说服女儿让杨坚总领朝政，都督内外诸军事，以大丞相的身份辅政。当晚，独孤伽罗派人给杨坚送去消息，"大事已然，骑兽之势，必不得下，勉之！"就这样，杨坚抓住了好时机，掌握了朝政大权。

虽说独孤伽罗贤惠、聪颖，但她有着很强的嫉妒心。成为皇后后，她整饬了宫内体制，废除了三妃六嫔，也不允许任何女人亲近自己的夫君。隋文帝吸取前朝的惨痛教训，倒还信守诺言，从不与后宫佳丽沾染。就这样，隋文帝与独孤伽罗生育了五子五女。

隋文帝即位之后，独孤皇后对开皇年间的政治影响颇大。二人一直恩恩爱爱，平安无事。转眼间，隋文帝在位享国也已经有十八九年了，经过一番南征北战，国内上上下下的老百姓也算过上了安稳的生活。

俗话说："饱暖思淫欲。"隋文帝也产生了享乐之心，他命杨素督造了一座金碧辉煌的仁寿宫，历时两年，光工匠就累死了一万多人。

宫殿盖好后，隋文帝开始寄情酒色，享受人生。只是身边碍着一个独孤皇后，不容别的女人接近他，因此隋宫里面虽然美女如云，隋文帝却只能望而却步。

《隋书》载，"尉迟迥女孙有美色，先在宫中。上于仁寿宫见而悦之，因此得幸。后伺上听朝，阴杀之"。隋文帝闻讯，忙赶到梅花别苑，只可惜尉迟贞已经死去。

隋文帝不禁又痛又恨，愤怒地看着独孤皇后，转身负气而走。隋文帝走出仁寿宫，见宫外有一匹马，径跨马背，飞奔而去。守城的侍卫见隋文帝身后并没有随从，不禁惊慌诧异，一时大乱。

看到隋文帝大怒而去，独孤皇后心中清楚只有越国公杨素和高颍才能将其劝回，于是急召二人进宫，令他们速速劝回隋文帝。高颍和杨素追上隋文帝，劝说了半天才将文帝劝回。

独孤后一直在楼阁内等隋文帝，隋文帝回宫之后，流泪感谢二位大臣好言相劝。独孤皇后虽然出面迎接隋文帝，置酒宽慰，但始终未承认自己的错误。

宰相高颍

隋朝的建立，在我国封建王朝史上具有史诗性意义。相较于以前的王朝，隋朝创立的制度更加完善，经济、文化都有了很大的进步，国家统治更加集中。然而，隋朝存在的时间并不长，只继承了两代就一命呜呼了。

当然，遭遇这样的悲惨结局和两代统治者的失误是密切相关的。比如，隋文帝和隋炀帝对开国元勋高颍的罢黜和迫害，就是他们在用人方面的最大败笔。

高颍是一位非常杰出的政治家、军事家，他为隋朝的开国创业、统一南北、安定天下立下了汗马功劳。公元588年（开皇八年），隋朝灭陈时，高颍任元帅长史，三军参谋，都由高颍决断，他的足智多谋和用兵之道，对保证作战胜利起了重要作用。

隋文帝对高颍十分信任，隋朝建立后，拜高颍为宰相，兼纳言，并晋封他为渤海郡公。每逢国家大事，都会找高颍商量，两人甚至结成了亲家。不过这种信任的局面只持续了十几年，开皇末年，高颍渐渐开始失宠，究其原因，主要和两个女人有关：

第一个也就是独孤皇后。晚年的隋文帝趁独孤皇后生病之际，宠幸了尉迟迥的孙女，后来，这件事被善妒的独孤皇后知道了，暗中杀死了尉迟氏。隋文帝得知消息后，大发雷霆，愤怒之下策马奔出了皇城，高颎，杨素等人立刻在后面追赶。

文帝对高颎说："我贵为天子，却不能自由！"

高颎看着悲伤的隋文帝，安慰道："您是皇帝，千万不能因为一个妇人就弃天下于不顾呀！"

听了高颎的开导，隋文帝的心情渐渐平复下来，半夜返回了宫中。本来，这就是生活中的一件小事，哪曾想，高颎的人生却因为这件小事发生了转变。高颎原是独孤信的家客，故此，一直与独孤皇后关系不错，日常来往密切，谁知，却因为高颎的一句"妇人"，独孤皇后便开始怀恨在心，从此，断绝了与高颎的往来。

当时，太子杨勇也渐渐失去了隋文帝和独孤皇后的欢心，作为太子的岳父，高颎自然会站在杨勇这一边，这让独孤皇后对他更加不满。

一次，隋文帝对高颎说："据说广儿的妃子有神告曰：'广必有天下'，你怎么看？"很显然，这是隋文帝在间接的询问高颎对废太子的意见。高颎心知肚明，马上跪下说："历代储君之位都是长者继承，长幼有序，怎么能说废就废呢？"隋文帝对高颎的意见十分赞同，也就打消了废太子的想法。这事传到独孤皇后那里后，她开始在心里盘算：想要让文帝坚定废太子的想法，必须先让他不再信任高颎才行。

没多久，高颎的夫人去世了，独孤皇后便向隋文帝说："高仆射年老丧妻实在太不幸了，陛下应该再帮他找一个，照顾他的生活。"隋文帝将这件事跟高颎说了，高颎婉言谢绝了，说道："臣现在已经老了，每天下朝后，就是待在书房里读佛经。陛下的好意我心领了，至于续娶的事情，还是算了吧。"

本来这件事情就过去了，但一段时间后，高颎的爱妾为他生了一个儿子，隋文帝听说后很高兴，独孤皇后却开始借题发挥，她对文帝说："陛下，当初您主动提出为高颎续娶，他说自己老了，绝不再娶，现在忽然生了一个儿子，这肯定是他心存爱妾，而欺骗陛下的，这样的人您还敢相信吗？"隋文帝觉得皇后说的在理，渐渐开始疏远高颎。

开皇十八年（598年）二月，隋文帝不顾高颎的反对，派汉王杨谅率兵征讨高句丽，并命高颎为汉王长史，由于汉王年少，因此隋文帝把军权全部交给了高颎，杨谅只是名义上的元帅。高颎并不看好此时出兵，但迫于皇命，只好服从。九月二十一日，隋军兵败而归，大部分将士因为感染疫病去世。

独孤皇后又借此机会在隋文帝面前中伤高颎，她说："高颎刚开始就不想去，最后是在您的强迫下才去的，所以才会导致无功而返。"恰巧这时，汉王杨谅也来找文帝哭诉，原来，在这次出征的过程中，高颎总是以大局为重，对名义上的元帅汉王杨谅的意见，多不采纳，这让杨谅觉得很没面子，返京后，便跑到隋文帝面前告状，说："儿万幸没有被高颎杀掉。"

隋文帝听了，对高颎更加不满。没多久，便找了个借口将高颎罢官了，高颎只好顶着个齐公的虚衔回自己的府第闲居去了。

然而，即使这样，高颎也并没有从这场政治漩涡中彻底摆脱出来，一次，高颎的一个属下向隋文帝举报，说是听到高颎和儿子的一段对话，高颎的儿子对高颎说："司马懿谎称病不上朝，最后得到了天下，您现在有这样的遭遇，也许是好事。"隋文帝大怒，命人把高颎抓起来关进内史省拷问他。

后来，又有人向隋文帝举报，说有个和尚告诉高颎："皇帝明年就驾崩了。"还有个尼姑对高颎说："皇帝活不过开皇十九年，因为十七、十八年，皇帝会有大灾难。"隋文帝听到这些后火冒三丈，但念在高颎有功，只是下令将他贬为平民。

现在，我们再看看第二个女人，她就是陈后主的宠妃张丽华。当初，隋军攻进陈朝的都城建康后，陈后主和其宠妃张丽华被隋军抓获。在灭陈战役中，高颎其实是实际指挥者，他一直与杨广配合默契，但两人却在攻破建康城后心生嫌隙，杨广贪恋张丽华的美色，想纳她为妾，高颎却说："武王灭殷，杀了妲己。今平陈国，不宜取张丽华。"最后一剑杀了张丽华，这让杨广非常气愤。

杨广即位后，封高颎为太常卿，高颎依旧不改直言本色。隋炀帝杨广奢侈靡费，为了满足自己的荒淫生活，他下令将北周、北齐的故乐及天下的散乐全部搜集起来，高颎对炀帝的做法很不赞同，便加以阻止，他对炀帝说："此乐很早就已经废弃，现在搜集起来，有些对音乐缺乏鉴别能力的人可能会追随这一末流，将正宗的音乐丢弃。"隋炀帝对此很不高兴。

漠北突厥君主启民可汗来隋朝朝见隋炀帝时，为了显示中原的富庶与强大，隋炀帝花巨资大摆排场，盛况空前。高颎、贺若弼等人对隋炀帝这样的做法很不赞同，上奏劝谏，这让隋炀帝大为恼火，新仇旧恨使他再也不能容忍高颎的存在，遂下令以"诽谤朝政"的罪名将其处死。当然，这都是后话了。

局势分析

高颎辅助隋文帝治理国家20多年，文帝对他亦是十分倚重，不断给他加官封爵，但高颎一向低调，他深避权势，曾多次提出辞让官爵，都被隋文帝拒绝，文帝特意下诏说："公识鉴通远，器略优深，出参戎律，廓清维海，入司禁旅，实委心腹。自朕受命，常典机衡，竭诚陈力，心迹俱尽。此则天降良辅，翊赞朕躬，幸无词费也。"

从这段话中这种我们能充分看出隋文帝对高颎的欣赏和信任，尽管朝中还有一些不怀好意的人常常在文帝面前诋毁高颎，比如：右卫将军庞晃、将军卢贲等，最后却都遭到文帝的疏远贬斥。高颎为人谦逊，从不居功自傲，作为灭陈战役的主要策划人，每次提起这场胜利之战时，他总说自己是个文吏，贺若弼等冲锋前阵的武将才是大功臣。

唐朝宰相、政治家、史学家杜佑，在其编纂的我国第一部体例完备的政书《通典》中曾说："历观制作之旨，固非易遇其人。周之兴也得太公，齐之霸也得管仲，魏之富也得李悝，秦之强也得商鞅，后周有苏绰，隋氏有高颎，此六贤者，上以成王业，兴霸图，次以富国强兵，立事可法"又说："隋氏资储遍于天下，人俗康阜，颎之力焉。功规萧、葛，道亚伊、吕，近代以来未之有也。"其评价之高，足以看出高颎对后世产生的深远影响。

唐太宗和房玄龄等人议政时曾说："为政莫若至公。昔诸葛亮窜廖立、李严于南夷，亮卒而立、严皆悲泣，有死者。非至公能如是乎！又高颎为隋相，公平识治体，隋之兴亡系颎之存没。朕既慕前世之明君，卿等不可不法前世之贤相也。"

唐太宗将高颎和历史上著名的贤相诸葛亮相并列，并认为隋朝的兴亡与高颎的罢黜和被杀有重要关系，号召大臣们向高颎这样的"贤相"学习，作为历史上的英明君主，唐太宗李世民对高颎的高评价，足见高颎在其心目中的地位。

说点局外事

高颎，字昭玄，渤海蓚（今河北景县东）人，出身于一个中层官员家庭。高颎的父亲曾在北周当官，后成为贵族独孤信的僚佐（官署中协助办事的官吏）。和大多数北周官员一样，高颎也是依靠家庭关系才踏上仕途的。据说，高颎在少年时，就已经展现出过人的才华，史书中说他"少明敏，有器局，略涉书史，尤善词令"，十七岁时，被北周齐王宇文宪封为记室。

高颎能文能武，虽然他是一个文职官员，但也常常随军打仗，并有着卓越的军事才能。优秀的才略使高颎的仕途之路走得非常顺利，短短几年间，他便得到了好几次提升。实际上，在整个6世纪，像高颎这样文武双全的官员在朝廷中非常普遍，他们对内是朝廷文官，对外是驰骋疆场的武将，正如成语"出将入相"所说的那样，德才兼备，智勇双全。

从高颎后来所取得的辉煌成绩来看，足以证明他在这两方面都是出类拔萃之才。一直到578年，尽管没有接近权力中心，但他的军事才能和独到的政治见解一直受人瞩目。

在众多隋朝开国元勋中，高颎可说是最"明达世务""竭诚尽节"的一人。成为宰相后，他便以天下为己任，并为隋朝选拔出一大批良将，苏威、贺若弼、韩擒虎等都是他发现推荐给隋文帝的。隋朝初期，户口隐漏，人口依附私家的现象非常严重，为了改变这种现状，高颎创立了著名的"输籍法"，此方法对隋王朝的经济发展、国力增强和巩固等有着重要的作用。

然而，就是这么一位才高、功高，殚精竭虑报效朝廷的能臣、功臣，却也免不了被各种流言蜚语残害的结局，以致非常信任他的隋文帝也开始疏远他。高颎为官20多年的时间里，兢兢业业，朝野推誉，最后却惨死于隋炀帝之手，天下无不称冤悼惜。诗云："靡不有初，鲜克有终。"在我国历史上，像这样的事情时而有之，几乎成了所有开国功臣的共同结局。隋文帝罢黜高颎，隋炀帝杀害高颎，这是他们自断栋梁，自毁江山的做法。

杨　素

杨素在隋朝的历史中扮演了重要的角色，有人说隋朝的灭亡和杨素有很大的关系，奸臣的帽子于他已是铁板钉钉了。事实上，杨素是一位非常杰出的军事家，他深于谋略，善捉战机，治军得力，赏罚分明，可谓隋朝的一员猛将，可惜的是，杨素在重权在握时，任人唯亲，排除异己，最后落了个臭名昭著的下场。

评书中形容隋朝的大功臣总喜欢用"平南陈灭北齐"，这句话用在杨素身上再合适不过了。在隋文帝的治理下，隋朝的国力日渐强盛。开皇八年（588）十月，隋文帝决定派兵攻打南陈。这次战争有着深远的影响，它决定了整个中国的归属，而杨素在其中扮演了重要的角色。

隋文帝在制定平南陈的作战方案时，杨素多次出谋划策，并在永安打造了一条水军舰队，这在中国历史上是史无前例的。杨素命人制造的"五牙"巨舰，楼高五层，前后左右设置有六拍竿，能载士兵800多人，在我国的造船史上留下了浓墨重彩的一笔。

杨素手下的水军部队作战有素，纵横长江，往来无敌，可以说，南陈最有战斗力的军队大部分都葬送在杨素手里。

陈朝灭亡后，江南地区的人民因不愿服从隋朝统治，杀害隋朝官员，聚众爆发起义，隋文帝派杨素前去善后，此次的任务十分艰巨却又无比困难，就拿当时的一个贼帅高智慧来说，他从扬州逃到永嘉，又从永嘉逃到会稽，杨素费了九牛二虎之力，千里追杀，终于平定了这股乱军。隋朝最后能一统中国，杨素是厥功至伟的。

然而，作为一名将领，杨素的统兵作战方法又是十分残忍的。每次大战前，杨素都会让一些犯错的士兵出列，命人在阵前将其斩首，每次多则数百，少则也有几十人。

还没开打，自己这边已经血流成河，杨素却连眉头都不皱一下，仍旧神色自若，谈笑风生，而他这样做的目的竟是为了鼓舞士气。

与敌军交战，杨素从不整军压上，而是先派几百人前去厮杀，败下阵来者，不管剩多少人，全部在军前斩首，然后另派几百人上前作战，这次败下来的，依旧全部斩首，直到取胜为止。

这种作战方法在历史上极为罕见，在历代兵法中，也只有在《尉缭子兵法》提到过，但将它付诸实践的，只有杨素一人。自古以来，此战法一直被人们抨击，但它却令杨素历经百战，罕有一败，可能只有抱着必死的决心，才能彻底激发内心的斗志。

大唐名将李靖对此战法给予了一定程度的认可，他在《李卫公兵法》曾说道："古之名将，十卒而杀其三者，威震于敌国；杀其一者，令行于三军。"但他有没有将这种方法应用到自己的实战中，这就不得而知了，不过李靖在作战中常常以少胜多这却是不争的事实。

凭着这种残忍的战法，杨素率领的军队战无不胜，屡立战功。很快，杨素便被升为尚书右仆射（相当于右丞相），与名臣高颎一起共掌朝政。只是，杨素对治国理民并不擅长，在处理政务方面也远不如高颎。

认识到这一点的杨素为了谋求更高、更显赫的地位，开始投机钻营，大耍奸计，从"功臣莫居其右"的功臣，华丽转变为"致国于倾危"的一代奸雄。

翻开《隋书》，我们不难发现一个特殊的现象，列传中，排名靠前的十几个人，几乎都不得善终，究其原因，主要是因为隋文帝虽然有雄才大略，却刻薄猜忌，一向对文武百官防范很深，群臣稍有疏忽就会被斩或黜。功臣之中，最后只有杨素没有遭到厄运，而且还一路高升，成为了朝中重臣。

史书记载，杨素手揽大权的时候，朝中大臣若有政见和他相悖者，马上就会遭到其陷害和排挤。很多大臣之所以被贬或被杀，大多是杨素在背后暗施黑手。甚至有一些人，因为几十年前的一件小事曾得罪过杨素，最后也被他公报私仇、打压报复。

从名将史万岁之死中，便能看出杨素行事的阴狠毒辣。史万岁是隋朝著名的武将，勇猛凶悍，战功卓著。在北击突厥中，史万岁和杨素一同率军上战场，后杨素因妒忌史万岁功劳比自己大，便在隋文帝面前进献谗言，说突厥人早已经投降了，史万岁为了邀功故意率兵攻打毫无准备的突厥军。隋文帝听了大怒，对史万岁很是不满，结果，史万岁不但没得到奖赏，反而从此被隋文帝疏远。

后来，太子杨勇被废，杨素乘机向隋文帝上奏，谎称史万岁去拜谒东宫。当时，隋文帝正在追查太子余党。现听说史万岁的做法，怒不可遏，立刻给史万岁定了个"怀诈要功"的罪名，命人将其当堂打死。史万岁的死讯传出后，天下人无不为之惋惜，一代悍将就这样惨遭冤死。

然而，杨素所犯的罪行不止如此，他一生最大的罪名是改易隋朝太子一事。隋炀帝杨广在隋文帝的五个儿子中排行第二，按照古代的嫡子继承制，皇位本来和他没有关系，但他暗中和杨素相勾结，硬是将太子杨勇罢黜，夺得帝位。

历史就这样在杨素的操纵下，转了个弯，而杨素在隋朝易太子一事中扮演了不光彩的角色，注定了他这一生都要被钉在历史的耻辱柱上，遭后人唾骂。唐太宗李世民曾在《谕侍臣绝谗构论》一书中痛斥杨素："隋太子勇抚军监国，凡二十年，早有定分。杨素欺主罔上，贼害良民，使父子道灭，逆乱之源，自此开矣。"

最后，就连隋文帝之死都和杨素扯上了关系。文帝之死，史书中闪烁其词，并没有明确记载是杨广所为，但综合来看，杨广一党的嫌疑最大，而作为杨广最大的帮凶杨素，一直被传是事件的具体执行者，遗臭万世，女皇武则天评价他"生为不忠之人"。

中国人喜欢给历史人物画脸谱，杨素白脸奸臣的形象似乎已难以更改，然而，拨开历史的层层迷雾，我们好像又看到了杨素另一张面孔，他宽宏大量、洒脱不拘、举贤任能，私下里，更是促成了几段爱情佳话，"破镜重圆""风尘三侠""牛角挂书"等事情都与他有关。

局势分析

杨素在历史上毁誉参半，颇有争议，他"少落拓，有大志，不拘小节""多权略，乘机赴敌，应变无方"。论功，他一生征战沙场，为隋朝的统一立下了汗马功劳；论过，他是杨广政治上最大的帮凶，而且，为了争权夺利，他残忍的迫害其他大臣，罪恶累累。

史书记载，杨素常常倚仗自己官高势大，侮辱朝中其他大臣，但也就是这样一个人在关键时刻却常常不会站错队，杨坚篡位之前，杨素早早地就与他勾结在一起，充当杨坚的打手；杨广争夺帝位时，杨素又暗中与他结交，政治嗅觉不得不令人赞叹。

韩擒虎、贺若弼、杨素、史万岁被称为隋朝四大名将，前两人在隋统一南北的作战中崭露头角，后来却很少有出色的表现；史万岁虽然威名远扬，但独当一面的机会并不多；只有杨素，终大隋一朝，无论是平定朝中内乱还是外击强敌，他始终走在最前沿，最后成为了朝中位高权重的重臣。

但不管怎样，隋朝最后还是灭亡了，而且是亡在杨素一手扶植起来的隋炀帝杨广手上。

说点局外事

关于杨素，民间流传着这样三个故事。

第一个：陈后主的妹妹乐昌公主，才貌出色，性情温婉贤淑，成年后由自己做主嫁给了江南才子徐德言。不久，陈朝被隋朝所灭，陈氏皇族被虏北上，乐昌公主也在被虏之列，眼看着就要与夫婿徐德言分别，悲痛的乐昌公主在临行前将一面铜镜摔成两半，一半留给夫君，一半自己收藏。

她对徐德言说："这面铜镜就当做我们之间的信物，以后每年的正月十五，我都会命人拿上这半面镜子到长安街上叫卖，你见到了，就来找我。"后来乐昌公主被隋炀帝赐给杨素做妾。

徐德言流离失所，三年后才来到京城，正月十五这天，他来到长安街市上寻找卖镜人，果然看到一个老仆正在出售半块镜子，且要价很高。徐德言将老仆带到自己的住处，将自己的经历告诉了他，后又拿出自己的半块镜子与老仆的合在一起，并在上面题了一首诗："镜与人俱去，镜归人未归。无复姮娥影，空留明月辉。"

乐昌公主看到诗后，伤心不已，整天哭哭啼啼的不肯吃饭。杨素知道这件事情后，派人将徐德言请到府中做客，在宴席上，乐昌公主终于见到了念念不忘的夫君，泪涕俱下，悲不自胜。杨素动了恻隐之心，决定让这对小夫妻团圆，还送给了他们许多财物。

后来，乐昌公主和徐德言回到江南隐居，过着与世无争的生活，成语"破镜从圆"的典故就是从这里得来的。

第二个：隋朝官员李德林之子李百药，好学博闻，风流倜傥。一次，他竟然看上了杨素的一个宠妾，并夜入杨宅，与其私通，却不幸被杨素逮个正着。

恼羞成怒的杨素欲将李百药处死，但当他看到李百药的面孔时，却发现对方只是一个不满二十的英俊少年，惜才之情顿起，于是说道："我听说你颇有文采，现在请你作一首诗，作得好的话，我就免你死罪。"

生死关头的李百药，才思涌至，当即成文。杨素看过后，对这名年轻人的文采很是欣赏，便把爱妾赐给了李百药为妻。一段时间后，杨素又将李百药推荐给隋炀帝。

李百药财色兼收，并因此当上了尚书礼部员外郎，被传为当时的一段佳话。

第三个：杨素身边有一位名叫红拂的乐伎，螓首蛾眉，绰约多姿，杨素对她很是喜爱。一次，李靖到府中拜见杨素，红拂见李靖仪表堂堂，满腹经纶，顿生倾慕之心，便暗中与他相约私奔了。

杨素得知消息后，不但没有追究，反而向隋炀帝推荐李靖，任命他为马邑的郡丞。就这样，杨素又成全了一对才子佳人，后来，李靖成为了唐朝的股肱之臣。

直言进谏赵绰

隋朝的立法残酷，法律的规范性、权威性都很低。隋文帝晚年猜忌心很重，经常不按法律条文用刑，各官员更是将法律视为儿戏，任意决断，法官常常根据个人交情办事，凡事只要在法律规范以外，都可以斟酌处理。很快，官员们中间形成了一股以严酷为能干、以守法为懦弱的风气，法律变成了一纸空文。面对朝中上下一片破法之声，大理正赵绰不顾个人性命安危，唯法是瞻，在朝中树立了一代风范。

赵绰，生卒年不详，据史籍推测，大约生于公元 539 年到 542 年之间，隋河东郡（今山西省永济市）人。

隋文帝建立隋朝后，因赵绰为人清正刚直，宽厚仁慈，任命他为大理丞，后又将他升为大理正（大理寺是隋朝的司法机关，大理正则是里面的最高长官）。

作为执法者，依法办事难免会遭到来自各方面的阻力，这其中最大的阻力非金口玉言的皇帝莫属，但赵绰有着"知其不可为而为之"的执着精神，和难能可贵的"法痴"憨态，这常常使他事半功倍。

一次，大臣萧摩诃的儿子萧世略在江南地区率兵发动叛乱，后被杀，按照当时的法律，其父萧摩诃要受连坐之罪，但萧摩诃是陈朝灭亡后投降隋朝的主要将领，为了安定军心，隋文帝说："萧世略年幼无知，旁人可能见他是名将之子，逼迫利用他罢了。"说着，就要赦免萧摩诃，赵绰态度坚决，当仁不让，坚持要依法处置。

隋文帝无可奈何，下令退朝，并让赵绰早点回去吃饭，想着等赵绰走后再赦免萧摩诃。赵绰却丝毫没有退让的意思，说道："这件事情还没有结果，我不敢退朝。"文帝了解赵绰的为人，知道这事不处理他是不会罢休的，只好说道会好好考虑这件事，给众人一个交代，赵绰这才退下了。

《隋书·赵绰传》中记载，在开皇年间，民间流传着一种说法，说是绛色象征着吉祥，穿绛色裤子的人能官运亨通。刑部侍郎辛亶于是也让妻子给自己做了一条，第二天，他就穿着这条新裤子上朝了，隋文帝看见后认为他这是在搞巫蛊。

古代帝王非常讨厌巫蛊事件，汉武帝时，就因为巫蛊事件，处死一大批人，甚至连太子也未能幸免于难。隋文帝也不例外，他认为辛亶不怀好意，下令将其处死。赵绰却觉得这件事不能就此结案，他向隋文帝上奏说："辛亶只是穿了一条绛色裤子，但不能就此说明他有害人之心，况且，他也没造成害人的后果。按照法律，他只是违背了朝廷服制，应当处以杖刑，而不是死刑。所以，我不能按照您的命令处死辛亶。"

隋文帝火冒三丈，愤怒地对赵绰说："你爱惜辛亶，不肯杀了他，难道就不担心自己的性命吗？"说完，命人将赵绰抓起来，立即处斩。赵绰依旧正色凛然，说道："陛下可以杀我，但按照法律不能杀死辛亶。"说着，解开衣服，准备应斩。处斩的时候，隋文帝对赵绰说："你还坚持刚才的想法吗？"赵绰坚定的回答："执法一心，不敢惜死。"隋文帝非常生气，但思虑再三，还是下令放了赵绰。第二天，文帝亲自向赵绰道歉。

在大理寺中有个名叫来旷的人，是赵绰的助手。他听说隋文帝对赵绰很是不满，就偷偷上了一道奏章，污蔑赵绰徇私舞弊。对他的上告，隋文帝很是怀疑，于是派亲信官员前去调查，不久，调查结果出来了，赵绰恰尽职守，不徇私情，依据法律，秉公办事，相反，来旷却常常不守法度。文帝听后大怒，命人将来旷处死。

隋文帝将此案交给赵绰去办，心想：这一次被诬告的可是赵绰自己，他应该会奉命行事了吧。谁知，赵绰却上奏说："来旷虽然有罪，但依据法律，罪不该斩。"隋文帝气急败坏，下令退朝，然后就往内宫去了。

赵绰赶紧跟上，并说道："陛下，来旷的事暂且不谈，臣还有更重要的事情要面奏。"隋文帝信以为真，命赵绰和他一起到内宫商谈。

文帝问赵绰有什么要紧事面奏，赵绰说道："臣有罪，还请陛下发落。其一，作为大理正，没有将下属管好，使其触犯法律，是微臣的失职；其二，不是臣据理力争，按照法律，来旷不能被处死；其三，臣请求进宫，担心您不准，一时心急，才欺骗了陛下。"

听了赵绰的陈述，隋文帝哑然失笑，旁边的独孤皇后对赵绰的正直很是欣赏，下令赐酒两杯。最后，隋文帝决定赦免来旷死刑，改为流放。

隋朝在很长的一段时间里盗贼猖狂，屡禁不止，为了遏制这种局面，隋文帝决定加大惩处力度。赵绰知道这件事情后，上奏说："陛下推行尧、舜之道，应该多存宽厚，法律的制定是为了让天下百姓更加相信朝廷，经常变更恐怕会失信于民。"

隋文帝觉得赵绰的说法很有道理，便高兴地采纳了，并对他说："以后，在政事方面，你有什么意见，要如实地禀报。"赵绰不负隋文帝所望，总是勇于直言进谏。

晚年的隋文帝很是残暴，动不动就会用严刑酷法来惩处不服从他意愿的大臣。每次遇到这种情况，赵绰都会挺身而出，以死护法，纠正隋文帝的错误行为。在我国封建社会，法官想要刚正不阿，秉公守法，只能拿自己的性命作抵押，别无他法，这固然是可悲的。不过，开明一点的皇帝都会认识到：臣子这样的做法是"忠"的表现，隋文帝正是认识到这一点，所以才会对赵绰眷顾有加。然而，即便如此，赵绰的胆识还是非常令人敬重的。

我国的封建社会是一个极端专制的人治社会，帝王随心的想法是法律

的对立物，有时，也是造成社会动乱和人民苦难的罪魁祸首，正是因为有了赵绰这样严格守法的法官，民众们才能少受帝王的任意蹂躏。

固然，张释之、魏征这些谏臣令人敬佩，但他们遇到了主张守法的汉文帝、唐太宗等明君，相比之下，赵绰面对的却是喜怒无常的暴君隋文帝，难度和风险明显增加，但也更能显现出他直言进谏的难能可贵。

局势分析

隋文帝亲手缔造了一个历史上最繁盛的时代，他重文教，开科取士，创立了三省六部制，这种制度在中国历史上延续了一千多年，只是，文帝的一些做法也为隋朝后期的祸乱埋下了根源。

隋文帝杨坚生性多疑，为了在风云变幻、波诡云谲的政界苟全性命，成功上位，他不得不处处谨慎小心，深谋远虑，这使他安全度过了一次又一次浩劫，最后成为九五之尊，建立隋王朝。

只是，由于他的天下是从孤儿寡母手里抢过来的，合法性不足，所以，他对众人总是心存猜疑，这样的心态使他只能和隋王朝的开国元勋们同患难，却不能共富贵，他屡兴大狱，将那些曾经帮助自己夺取政权的有功之臣一一铲除。

晚年的时候，隋文帝的猜忌心变得更重，因为猜疑，他下令将大将虞庆则处死；因为猜疑，他将可以托付社稷的宰相高颎罢免；因为猜疑，他废掉杨勇的太子之位，架空得众人心的亲王杨雄，罢黜了颇有才华的苏威，功臣故旧能够得到善终者极少。

隋文帝性格严苛，在治国方面也不改本性，他认为乱世要用重典，故此，百姓偷一文钱会判死刑，有三个口渴的小伙子因为偷瓜吃甚至被处死。在这种严苛的统治下，百姓们人心惶惶。这也直接导致了隋朝末年，即使府库充盈，粮仓爆满，大臣们也不敢私自开仓赈灾，国富民困，最后直接导致了隋朝的灭亡。

史学家们说：隋朝的灭亡始于隋文帝，性格决定命运，他的功过是非和他的性格有很大关系，成也性格，败也性格。

古代先哲朱熹曾说过："我们的性格即我们的自身。"性格于我们的成就有很大的关系，功过是非都是因为性格。

说点局外事

一直奉行节俭的隋文帝晚年开始沉溺于享受，他的继承人杨广更是穷奢极欲，残暴无道，这为隋王朝的灭亡埋下了祸根。

隋文帝晚年大兴土木，还没使用仁寿年号前，他就命人给自己修建了一座仁寿宫。据说，隋文帝大兴土木是有原因的，当时，财政部报告，国内的粮仓已经全部装满，多出来的粮食无处可放，只好堆放在院子，走廊里。

隋文帝听到这个消息时是先惊后喜，惊的是，他没想到，百姓们的收成竟然这样好；喜的是，隋朝国库充盈甚至超过了西汉的文景之治。

当年，西汉在汉文帝，汉景帝两代皇帝的治理下，国力日渐强盛，百姓安居乐业，国库充裕，为后来汉武帝的四处征战提供了充足的物质保证，不过，这样的成就是两代皇帝用了几十年才完成的，而自己开国至今短短十几年间，却已经超过了他们的成就，这让隋文帝觉得很是高兴。

于是下令："河北、河东今年田租，三分减一，兵减半，功调全免。"功调指的是力役税和户税，隋文帝此举有些与民同庆的意思，同时，他还命人修建了仁寿宫，仁寿有延年益寿，颐神养寿的寓意。

仁寿宫的修建由尚书右仆射杨素负责主持，后杨素又向隋文帝推荐了建筑专家宇文恺，文帝封他为检校将作大匠，至此，仁寿宫开始修建。

仁寿宫位于长安西面的岐州（今陕西凤翔）北，是一座非常富丽堂皇的宫殿，仅用了两年时间就已全部完工，以当时的社会条件，在如此之短的时间内完成这项浩大的工程，我们不难想象施工民夫的困苦。

《隋书》记载，仁寿宫建成后，隋文帝率众大臣前来视察，恰巧看到杨素正在命令部下，将那些累死的民夫尸首掩埋。文帝非常生气，再一看仁寿宫里面金碧辉煌，甚至完全超出了自己的想象，隋文帝更是火冒三丈，对杨素说："为了建造这个宫殿，你消耗民力，不是成心想让老百姓骂我吗？"

实际上，在这之前，杨素早已考虑过这个问题，他担心因为工程过于铺张华丽遭到隋文帝的斥责，就暗中去找了独孤皇后，想让皇后替他美言几句，并解释说，仁寿宫的修建虽然有点过于大肆铺张，但他全是一片好心，只为了能让文帝和皇后看着喜欢，住着舒适。果然，第二天，隋文帝宣杨素进宫，对他大加赞扬，并给了他丰厚的赏赐。

每年开春后，隋文帝都会和独孤皇后到仁寿宫去居住一段时间，秋高气爽时才返回。最长的一次要属开皇十九年（599）了，隋文帝和独孤皇后二月来到仁寿宫，第二年九月才离开，在这里生活了一年多，也就是在这次回去后，隋文帝将杨勇的太子之位废除了。

我们不能武断地说隋文帝越老越糊涂，但晚年的隋文帝确实非常专权，不管是大权小权人权物权，他全都紧抓着不放。事实上，纵观我国古代的封建帝王，几乎每个皇帝年老时，都会出现专权的现象，这几乎形成了一个怪圈。可能深陷权力之中，时间一长，就会有害怕失去的恐惧，因此愈发地贪权揽权，更何况，是隋文帝这样敏感多疑的人呢。

第三章　江河日下

隋朝是一个罪恶与功绩并存的王朝，它在科技、文化方面取得了辉煌的成就，特别是大运河的开凿，对后世有着深远的影响，其正面效益甚至超过了长城。然而，隋炀帝的横征暴虐、荒淫糜烂致使百姓民不聊生、尸横遍野，这也为隋朝的灭亡奏响了前奏。

废嫡立储

隋文帝有五个儿子，都是独孤皇后所生，长子杨勇，次子杨广，三子杨俊，四子杨秀，五子杨谅，长幼之间相差两岁。开皇元年（581），隋文帝将长子杨勇立为太子，后又将其废掉。

史书记载："勇颇好学，解属词赋，性宽仁和厚，率意任情，无矫饰之行"。杨勇刚被立为太子时，隋文帝对他很是信任，常常让他参与处理国家大事。但后来杨勇逐渐失去父皇对他的信任，主要是因为这样几件事：

隋文帝是一个比较简约的皇帝，而杨勇喜爱奢侈。一次，隋文帝到东宫看望杨勇，忽然发现太子宫中摆放的铠甲上装饰了花边，隋文帝对此很生气，他批评太子说："自古以来，凡是喜爱奢侈的帝王，他的国家没有长治久安的，你身为帝王的继承人，更应该以身作则，厉行节约。"

在古代，冬至是很重要的一个节令，有"冬至大如年"之说。一年冬至，百官都去向杨勇朝贺，杨勇十分高兴，遂安排乐队大张旗鼓地接受百官的恭贺。后来，这件事被隋文帝知道了，他心里很不是滋味，认为不合制度，对朝臣说："听说大家都在冬至那天向太子朝贺，这是什么礼制？"

太常少卿（宗庙礼仪司的副司长）辛宣答道："百官到东宫只是说是'贺'，不能称之为'朝贺'。"尽管他回答得很巧妙，隋文帝还是不依不饶地说："如果像你所说，大家应该三五人相伴，或各自随意前去，但为什么你们会组织在一起，共同前去呢？而且，太子还穿上礼服，又安排乐队来助兴，这说得过去吗？"

为了警告太子和百官，隋文帝特意下令说："礼制有等级之差，君臣之间不能混杂。太子虽是继承人，但从礼义上说依旧是臣子。冬至百官朝贺，进贡特产不准送往东宫，这样做不符合典章制度，应立即停止。从这件事情开始，隋文帝已经对杨勇心生不满。

不久，隋文帝为宫中挑选宿卫，大臣高颎建议为太子宫中也选一些，文帝闻之，色变，说道："太子左右何须强武！"

第一件事，说明太子奢侈，但事情很小，还达不到废太子的地步；第二、第三件事情从性质上来说是一样的，从中我们不难看出，隋文帝很忌讳太子杨勇权重，恐百官归附太子，怀疑高颎帮助太子增强武装，以父疑子，以君疑臣，这才是隋文帝废太子的主要原因。再加上杨勇"率意任情"，隋文帝对他更加提防。

杨广正好与杨勇相反，他擅长伪装自己，来骗取隋文帝和独孤后的信任，并暗中勾结开国元勋杨素在文帝面前私谮太子，夸耀自己，买通东宫幸臣姬威，称"太子非法"。于是，朝廷内外开始交口毁谤太子，再加上独孤后从中挑拨，隋文帝终于下定决心废嫡。

独孤后善妒，她不但对自己的丈夫防护甚严，对儿子们的管教也相当严格，要求他们像自己的父亲一样从一而终。

杨勇的正妻元妃温婉贤淑，端庄有礼，独孤皇后对她很是喜爱，认为她将来十分适合母仪天下，但杨勇并不喜欢她，他宠爱的是妾室云氏。云氏相貌俏丽，十分活泼，独孤后认为她行为太过轻佻，并告诫杨勇少接近云氏。然而，事与愿违，杨勇常常与云氏厮混在一起，冷落元氏，独孤后听到风声后，对他的行为很是不满。

后来，元氏因为心疾去世，独孤皇后怀疑是儿子杨勇做的手脚，十分恼火。杨勇生性好色，他不但宠爱云氏，还另娶了几房姜室，与她们生下一大堆孩子。对此，独孤皇后非常生气，她暗中派人监视自己的儿子，报备他的行踪，还常常给隋文帝吹枕边风，指责杨勇的过失。

杨广任扬州总管时，趁入宫向独孤后辞别的机会，跪在母亲面前，哭诉哥哥杨勇的不是，"孩儿生来愚笨，长期坚守兄弟情义，但不知什么地方得罪了东宫的长兄，每次看到我，他总是满脸怒气，恨不得置我于死地。我担心有一天他会下毒谋害我，但有什么用呢，就算我防范地再严密，恐怕也难逃遭受冤死的惨祸。"

独孤皇后早已对杨勇心存不满，此刻看到这一幕，更是怒火中烧，下定决心一定要废除杨勇的太子之位，而此时，隋文帝也坚定了废太子的决心。

开皇二十年（600年）十月九日，杨勇被废为庶人。十一月二日，隋文帝立杨广为太子。

局势分析

杨勇被废，除了是失掉隋文帝与独孤后的信任外，还和杨广在背后挑拨离间有很大的关系。杨广又叫杨英，小名阿㦤。据说，杨广小时候长得非常漂亮，而且聪明好学，很招人喜欢。

隋文帝曾找来一个算命先生来和给他的几个儿子看相，小皇子们站好后，来和挨着看了一遍，说杨广的面相最好，"不得了，贵不可言"！

隋文帝自小在佛院长大，总觉得自己是佛家某某神转世，对相术他也很相信。每到失意之时，他总会找人来给自己看相，以寻求精神安慰，来和就是他这里的常客，而这次看相，对隋文帝也有着很大的影响。

581年，杨广被封为晋王，在灭南陈，抵御北方突厥的过程中，都立

有战功，并为朝廷笼络了一大批人才，隋文帝对他很是赞赏。而这时，杨勇逐渐失去了隋文帝的信任，杨广早对太子之位虎视眈眈，看到杨勇不得父皇欢心，于是，他开始背地里算计杨勇，并在文帝面前装出一副"生活俭朴、不好声色"的样子。

为了迎合文帝的心意，他命人将乐器的弦弄断，使上面布满灰尘，放在屋内显眼的位置；又将王府内的仆人全部撤换，只安排了几个又老又丑的妇人，身穿粗布衣服，在左右侍候。隋文帝看到后，以为杨广向自己一样崇尚简朴，很是高兴，并将杨广的"节俭"行为告知百官，杨广因此受到了百官的赞许。从这之后，隋文帝对杨广的喜爱超出了其他皇子。

隋文帝在很多事情上会征询独孤皇后的意见，杨广深知这点，因此，除了在隋文帝面前做文章，他还特意想方设法去讨好独孤皇后。

独孤皇后提倡"一夫一妻"，杨广平日里便只和正妻萧妃住在一起，若姬妾中有人怀孕，他便下令将胎儿暗中打掉，以免传出去被独孤皇后知道。

对隋文帝和独孤皇后身边的宫女侍卫，杨广也下了一番功夫，有时候，独孤皇后派一个宫女前往杨广府中，杨广也会热情地将她留下吃饭，并与之同桌共食，十分恭敬，这让独孤皇后对杨广很是满意。

她对隋文帝说："广儿大孝，每听到我们派遣的使节到他的守地，他必定出城恭迎；每次谈到远离朝廷、父母，他都悲泣伤感；他的新婚王妃也可怜得很，广儿忙于政务根本无暇顾及她，我派使婢前去探视，王妃萧氏常常只能和她们同寝共食，哪里像勇儿与云氏，终日设宴取乐。勇儿真是亲近了小人啊！"

在这一系列的动作下，隋文帝最后以"情溺宠爱，失于至理，仁孝无闻，昵近小人"的罪名将杨勇废除。不久，在独孤皇后的鼓动下，隋文帝将杨广立为太子。

在册封典礼上，杨广为了给隋文帝和众大臣留下节俭和谦退的好印象，请求不穿与天子相近的太子礼服，东宫的官员也不必对太子自称臣，这让隋文帝很是欣慰。

成为太子之后的杨广并没有因此变得骄横不可一世，反而每天躲在家里读书、写诗、礼佛，静静等待，等待着有一天自己顺利登上皇位。在一些小事情上，也常常看隋文帝脸色行事，不越藩篱一步。

杨广对佛理佛法颇有研究，他自己就是个十分虔诚的佛教徒，因此，在静待之余，他便着手编撰了二十卷《法华玄宗》。

晚年的隋文帝大开杀戒，屠杀、废黜、关押了一大批功臣，他的四弟蜀王杨秀也没能幸免，但他却从没把怀疑的目光投到太子杨广身上。

在给将军史祥的一封信中，隋文帝写道"近者陪随銮驾……备位少阳，战战兢兢，如临冰谷。……比监国多暇，养疾闲宫，厌北阁之端居，罢南皮之驰射。……亲朋远矣，琴书寂然，想望吾贤，疹如疾首。"可见，杨广息心佛域、参玄悟道，也为他的立身安危撑了一杆保护伞。

说点局外事

萧氏是南朝梁明帝的女儿，皓齿朱唇，妖媚艳丽。据说，萧氏出生时，著名的占卜奇人袁天纲曾为她看过相。看了小女孩的面貌后，袁天纲惊奇不已，后他又仔细推算了小女孩的生辰八字，最后得出结论——"母仪天下，命带桃花"。

萧氏的人生也恰好印证了这8个字，13岁，她成为晋王妃。这之后，便开始不断地被迫更换身份，历尽千般沧桑，尽展万种风流，终使其成为一个命运奇特的女人。

萧氏出生的那一年，杨坚正式建立了大隋朝。8年之后，隋朝灭陈，正式统一了中国，晋王杨广在平陈战争中功绩显赫，受到了隋文帝的奖赏，除加官晋爵外，隋文帝还昭告天下名门世家，凡是家中有未出阁的女儿的，全部将其生辰八字呈报朝廷，他要从中为年方21岁的杨广选一个王妃。

挑来送去，最后发现只有9岁的萧氏和杨广最般配，他们俩的八字合在一起是大吉，隋文帝于是便选定了她。由于萧氏年纪太小，隋文帝只好将他们的婚期延迟，并把萧氏接近宫中。入宫后的萧氏和独孤皇后生活在一起，独孤皇后还特意为她请了师傅，教她读书、作文、绘画、弹筝。四五年之后，萧氏已经长成了一个楚楚动人的小美人，且知书达礼，多才多艺。

开皇十三年，萧氏与杨广成婚，这年，杨广25岁，萧氏才刚满13岁。替杨广主婚的人曾私下里对杨广说："萧女命中注定要入主中宫，母仪天下。"

杨广心想：萧氏若要母仪天下，那自己不就成了一朝天子了吗？虽然杨广当时并不是太子，但他仍觉得希望就在眼前，因此，他将萧氏视为自己的福星，对她宠爱备至。

因为有了萧氏这颗福星，本来对王位没有觊觎之心的杨广，随即展开了与太子杨勇的储位之争。杨勇当时正因为冷落了正房太子妃元妃，引起了独孤皇后的不满。

杨广乘虚而入，刻意在母亲面前装出一副仁孝、俭朴的样子，并有意疏远萧氏，专供政务。聪明的萧氏立刻领会，时不时就到独孤皇后面前哭诉一番，说是杨广只顾政务冷落了自己。

不久，他们夫妻的一唱一和终于打动了独孤皇后的心，杨广取代杨勇，顺利登上了太子之位。此时，杨广和萧氏已经结婚7年，也就是说，这对颇有心计的小夫妻，在隋文帝和独孤皇后面前整整演了7年的苦情戏。

同室操戈

在中国历史上，同室操戈的现象在很多王朝中都有发生，隋朝也不例外。杨广被立为太子后，为了稳固自己的位置，他开始暗中谋划除掉自己的几位兄弟。

《隋书·杨勇传》中记载，杨勇被废后，遭到囚禁，"自以废非其罪，频请见上，面申冤屈。而皇太子遏之，不得闻奏"，而这时负责看管他的正是杨广，在杨广的看管下，杨勇见不到隋文帝，无处申冤，只得"升树大叫，声闻于上，冀得引见"。

这件事正好被大臣杨素看见，他便向隋文帝说杨勇"情志昏乱，为癫鬼所着，不可复收"。隋文帝也认为杨勇疯了，不再理会他。

杨广登基的当天，他命伊州（今河南临汝）刺史杨约赶到长安，以隋文帝的名义令杨勇服毒自尽，杨勇不肯，最后被杨约吊死，杨广也在这场皇位之争中取得了最后的胜利。

隋文帝第三子秦王杨俊从小好学，文韬武略，常常礼贤下士，与众多才俊来往密切，秦王府中也有着大批人才。

隋朝讨伐南陈时，杨俊率领的部队宁可按兵不动，也不杀人争功。隋文帝对他的做法很是赞赏，封杨俊为扬州总管、四十四州诸军事，负责镇守广陵，后又将他升为并州总管、二十四州诸军事。

杨俊兢兢业业，尽忠职守，百姓对他很是赞赏，隋文帝听说后，很是高兴，下诏奖励他。然而，前途大好的杨俊却在奢华闲适的生活中逐渐堕落了，他利用手中的职权，渐渐变得生活奢侈起来，此外，他还想尽办法搜刮民财，放高利贷，很多小官员和百姓为此倾家荡产。隋文帝听说后，特地派人去调查处理，并将他手下的几十人抓了起来，但杨俊依旧不知收敛。

一年后，杨俊病危，开皇二十年（600 年）六月二十日，杨俊去世。隋文帝命人将他生前所用的奢侈华丽的物品全部烧掉。杨俊的幕僚们请求为其立碑，隋文帝说："如果想要留名，一卷书就够了，哪还需要立碑呢？如果子孙不能保存家业，那碑石也只能是别人盖房子的基石罢了。"就这样，堂堂的一个皇子，去世后却连一个碑文都没有，可悲可叹。

此时，隋文帝的五个皇子只剩下了杨广、杨秀、杨谅三人，杨广便把目光又盯到了杨秀身上。蜀王杨秀是隋文帝的第四个儿子，太子杨广的弟弟。他的性格暴烈，大大咧咧，不拘小节，喜爱奢侈。他总是穿最好的衣服，用最好的马车，车马服饰的规格甚至可以比拟皇帝，同时，他还在成都大兴土木，建造王府。隋文帝对此很不高兴，他曾经对独孤皇后说："杨秀必以恶终，我活着的时候，应该不会出什么事，但是，一旦我死了，他哥哥登上帝位，他一定会造反。"

正如隋文帝所言，杨广成为太子后，杨秀颇有不满。杨广也深知这一点，他担心杨秀日后会反抗自己，便开始命杨素暗中搜集杨秀的过失，并常常在隋文帝面前说杨秀的不是。

杨广和杨素能把一个太子扳倒，现在想要整垮一个皇子，更是轻而易举。经过一段时间调查，杨素向隋文帝上奏，说杨秀在益州当藩王，不遵守法令，奢侈骄纵，信任佞人，祸害百姓。隋文帝大怒，仁寿二年（602年）七月，下令诏杨秀回京。

杨广又暗中制作木偶，写上隋文帝的名字，丝绳束手，铁钉穿心，将其埋到华山下，并按杨秀的语气写了一篇造反檄文，说："逆臣贼子，专弄权柄，陛下空守朝堂，一无所知。"将其偷放到杨秀的文集中，诬陷是杨秀做的，隋文帝怒不可遏，罢免了杨秀王爵，废为庶人，将他幽禁在内侍省。杨秀哑巴吃黄连，有苦说不出，杨广登基后，立刻下令对杨秀严加看管。

看到几个哥哥悲惨的结局，汉王杨谅并没有引颈就戮。杨谅是隋文帝最小的儿子，字德章，小字益钱，能征善战。隋文帝对这个小儿子很是宠爱，开皇十二年（592年），封杨谅为雍州牧，加授上柱国、右卫大将军，后转任为左卫大将军。开皇十七年（597年），又任命他为并州总管，并亲自送他到并州上任，其领地西起太行山，东到渤海，北至燕门关，南达黄河五十二州。除此之外，隋文帝还给了杨谅一个特权，即：遇到事情不必拘束于律令限制，可自行行事。

杨勇被废后，杨谅就觉得心生不安，后蜀王杨秀被幽禁，杨谅更加惶恐不安。隋文帝驾崩后，杨广命人伪造隋文帝的玺书，然后派车骑将军屈突通带着假诏书，前往并州，召杨谅回朝。

他没想到的是，隋文帝在世时，与杨谅之间有个约定，他对杨谅说："以后假如有事，我需要召你回宫，除了虎符相合外，还会在敕字旁边加上一点做密码，只有这两者都具备了，你才可以回京，若是没有，那肯定是出事了。"隋文帝去世后，虎符落到了杨广手里，只是隋文帝与杨谅之间的秘密，只有当事人知道。

杨谅发现密码不对，知道宫中有变，于是决定起兵造反。杨广派杨素率兵攻打杨谅，杨谅战败，被迫向杨素投降。

看着投降后的弟弟，杨广装模作样地说："我的兄弟已经没几个了，实在不忍心杀你，就让我徇私枉法，饶恕你这一次吧。"杨广话说得很漂亮，但他的做法却一点也不漂亮，他将杨谅贬为庶民后，又命人将他关起来，不给饭吃，最后，杨谅被活活饿死了。

局势分析

杨广能顺利登上储君之位，有一位大臣功不可没，他就是杨素。

在顺利取得独孤皇后的信任后，杨广开始拉拢朝中大臣。平日里，他和寿州刺史宇文述的关系向来不错，因此，他先将宇文述拉拢到了自己的阵营内，并奏请隋文帝将宇文述安排寿州（今安徽省寿县）做刺史，此地距离杨广所在的扬州很近。

宇文述知道杨广想夺取太子之位，便向他献计说："现在，唯一能改变陛下心意的只有杨素，杨素有个弟弟叫杨约，杨素对他很是信任，遇到事情，都会找他商量，我们可以通过杨约来说服杨素。我了解杨约这个人，现在请让我回京去说服他。"听了宇文述的计谋，杨广非常高兴，随即给了宇文述一大笔钱，作为其回京开支。

杨约性情沉静，为人狡诈。宇文述到京城后，便开始约杨约出来赌博，并故意将钱输给他，次数多了，杨约心生疑窦。宇文述趁机将自己的意图告诉他，说道："守正履道，固然是人臣应该遵守的原则；顺应时世而变，也是聪明人作为。自古贤人君子，莫不顺势而为，以避祸患，你们两兄弟，战功赫赫，手握大权，却得罪了皇太子，幸好有陛下可以依靠，只是陛下已然暮年，一旦驾崩，你们也就大祸临头了。如今，太子失宠，陛下有了废嫡重立的意思。晋王杨广能不能当上太子全在你哥哥的一句话，他日晋王君临天下，必感激你，你二人在朝中的地位也就稳如泰山了。"

杨素为人聪明，博学多才，写得一手好文章，且善于察言观色，办事稳妥，早在北周时，他就与隋文帝杨坚同朝为官，隋朝建立后，被隋文帝封为御史大夫，后因灭陈有功，晋爵为越国公，任内史令，隋文帝对其很是信任，言听计从。

然而，此人精于政治投机，为了确保自己的地位，常暗中打击朝廷内的异己势力，瞒天过海，不择手段。当隋文帝和独孤皇后有了废太子的念头时，杨素已将察觉出来了，听杨约说起杨广的意图时，他便立即决定加入到杨广的阵营中。

一次，杨素对独孤皇后说："晋王仁孝恭顺，很像当今圣上。"这一句话巧妙地试探了独孤皇后，也刺中了其痛处，独孤后随即向杨素说了一通杨广的好处，以及对杨勇的不满。两人一拍即合，决定拥立杨广做太子。独孤皇后还赏赐了杨素很多金银珠宝，作为废立太子的费用。

此后，杨素开始担任穿针引线的角色，他一边在隋文帝面前夸耀杨广，诋毁杨勇；一边在百官中间大肆活动，散播对杨勇不利的舆论，煽动更多的人来诽谤太子。

眼见着还没有达到目的，杨素开始拼命给太子杨勇罗织罪名。杨勇养了1000多匹马，杨素说他造反，欲加之罪，何患无辞，何况，此时的杨勇已经不被隋文帝信任，终于，在杨素的诬告下，杨勇被废为庶人。杨广如愿以偿，坐上了太子宝座，成了皇位继承人。

废勇立广可说是隋文帝晚年最大的失误，而这和杨素有很大的关系。仁寿元年（601年）元月，隋文帝封杨素为左仆射，苏威为右仆射。苏威生性怯懦，遇事多承望风旨，杨素向来不把他放在眼里，处理事情总是独断专行，所以，相权实际上被杨素独掌。杨素得到了梦寐以求的权势，并开始利用手中的权力，做更多的坏事。

说点局外事

史传：仁寿四年（604年）7月，隋文帝病重，卧病在床，太子杨广认为自己登上皇位的时机已到，便写信给杨素，商量怎么处理隋文帝的后事。不料，信件被隋文帝拦截，文帝大怒，立即宣杨广进宫。

正在这时，宣华夫人陈氏衣衫不整地跑来向文帝哭诉，说是杨广调戏她，隋文帝勃然大怒，拍床大骂。急忙派人传大臣柳述、元岩草拟诏书，准备废掉杨广，再次立杨勇为太子。杨广听说后，暗中将侍奉隋文帝的人全部换掉，当天，文帝去世，享年64岁。历史上并没有明确记载隋文帝是因何去世的，因此，后人开始猜测是杨广下的毒手。

然而，隋文帝真的是被儿子杨广杀死的吗？这个问题至今没有答案，一些史学家也对此进行了反驳，他们认为：

隋文帝从四月病重到七月病危期间，宫内基本没什么异常。他留下的遗诏中，还肯定了杨广的才能，并说明自己是因为沉迷女色才伤了身体，故此发病。而从杨广的角度来说，即位只是旦夕之间的事情，根本没必要冒天下之大不韪，弑父夺位。

《隋书》是唐朝初期编撰的，其中不乏一些诋毁杨广的观点，但即便如此，也没有记载杨广杀父一事。在《隋文帝死因质疑》中，学者郑显文认为：史书记载的隋炀帝逼奸宣华夫人说，经不起推敲：一方面，隋文帝病重，杨广应该在宫中侍奉，而且，宣华夫人外出，身边应该有宫女侍候。何况，那时的杨广尚且没有即位，帝位仍受威胁，杨广是个非常谨慎的人，绝不会在此时做出危及其继承皇位的事情。

另一方面，事实上，宣华夫人早已和杨广有过不正当关系，且两人感情很好，因此，她不可能去隋文帝面前揭露杨广的恶行。

宣华夫人和杨广两人的艳史在后人看来可能有违道德，但在当时的社会是很正常的，并不需要面临道德上的谴责。隋唐皇室的祖先大多是鲜卑化的汉人，他们中的很多人与鲜卑人通婚，后代有着鲜卑血统。在鲜卑族里，以继母为妻、以寡嫂为妻是被允许的，长期受鲜卑文化的耳濡目染，对这种情况也就慢慢接受了。

上述内容虽然不无道理，但并不能就此证明隋文帝的死和杨广没有关系。毕竟，已经伪装多年的杨广在看到隋文帝病重后，给杨素写信是很有可能的。因此，关于隋文帝是被杨广杀死的说法还是值得商榷的，不过，隋文帝驾崩后，杨广担心在权力交接的过程中发生意外，联合杨素等人控制了仁寿宫，应该是符合史实的。

营建新都

仁寿四年（604年），隋文帝去世，太子杨广继位，是为隋炀帝。隋炀帝认为位于西北地区的大兴城地势偏远，物资转运困难，不但不能满足京城内的物资需求，而且也不利于自己对全国的统治。再来，军事上，长安"关河悬远，兵不赴急"；政治上，长安"关河重阻，无由自达"；经济上，洛阳"水陆通，贡赋等"。两相比较，隋炀帝决定迁都洛阳。

但当时的洛阳城残破不堪，已经不适合做都城了，因此，隋炀帝决定另建一座新都城。大业元年（605年）三月，新都城在洛阳开始修建，仍由宇文恺主持规划设计。

在修建新都之前，隋炀帝下令从各地征调了数十万丁男，从龙门（今山西河津西）东接长平（今山西晋城西北）、汲郡（今河南浚县西南），抵临清关（今河南新乡东），渡河至浚仪（今河南开封）、襄城（今属河南），达于上洛（今陕西商县），挖了一条弧形壕沟，这条壕沟有两千多里长，沿沟设有关防，是保护长安和洛阳的重要防线。

隋炀帝修建的新都城名叫东都，又称东京，位于洛阳城西约10公里处，大业元年（605年）开始修建，次年正月全部完工，历时10个月。

东都大体上与大兴城一致，但由于洛阳的地形关系（洛水由西向东穿城而过，把全城分为南、北不相平衡的两部分），在形式上并不完全对称。

东都主要由宫城、皇城和郭城组成，洛水横贯城中。宫城和皇城位于全城的西北部，郭城则位于它们的东面和南面，采用的仍是里坊制设计。从整体上来看，东都气势宏伟，宫殿建筑比大兴城的更富丽堂皇。

洛阳的地理位置优越，水陆交通很是方便，自隋至北宋，一直作为陪都，成为我国又一个政治、经济、文化中心。

东都的规模比大兴城要小很多，城内的建筑也不比大兴城华丽多少，但它却常常遭到后人的指责和嘲讽，事实上，受人诟病的并非东都本身，而是隋炀帝借迁都而建造的"显仁官"和"西苑"。

史书记载："显仁宫南接皂涧，北跨洛滨，周围十余里。崇峦曲涧，异草奇花，极园林之胜。"西苑"台观殿阁，分布其间，掩映生姿""苑中楼堂花木，穷极华丽"，隋炀帝常常带着妃子宫女，在这里通宵达旦的玩。

隋炀帝爱好奢侈，宇文恺为了迎合他这种心理，将建筑工程搞得非常宏大，建造宫殿所用的都是高级木材石料，全部由专人从大江以南、五岭以北地区运送过来，有时候，一根柱子甚至需要上千人拉绳搬运。隋炀帝为了建造东都，每月从各地征发二百万民工，日夜不停的施工，劳民伤财，加重了百姓的苦难。

局势分析

洛阳城规划合理，分别有外郭城、皇城、宫城、街坊区、仓储区和市场区，外郭城周围七十多里是整个城市的外围；皇城主要是衙门办公的地方，再往里便是宫城，宫城是皇帝办公的地方，周围有三十里长，皇城和宫城位于洛阳城的西北方，街坊区则位于洛阳城的东南方，是平民居住的地方。含嘉仓位于洛阳城北，面积达46万平方米，是国家存储粮食的地方。洛阳城内有南、北、西3个市场区，漕渠纵横区内，商铺林立，货物堆积，很是热闹。

洛阳不仅是隋朝的政治、经济中心，同时也是东南通江都、太湖、浙江，东北通山东、涿郡，西通关中长安的交通中心。隋炀帝迁都洛阳，其目的除了享受外，更重要的是为国家统治考虑，洛阳处于隋朝的中心地带，将都城建在这里，有利于对江南一带的治理和控制北方。

此外，隋炀帝还下令让各地的富商、文人雅士、外国人等迁居洛阳，这些人的迁入促进了洛阳的经济和文化发展。

说点局外事

很多正史、野史或小说中，都将隋炀帝描述成一个残暴荒淫的昏君，其实隋炀帝是昏君不假，但他也很有能力，在文治武功方面都有着骄人的成绩。

隋炀帝颇有谋略，曾先后担任过武卫大将军、淮南道行台尚书令等军政要职。公元589年，20岁的隋炀帝被封为元帅，率领51万大军南下攻陈，将陈后主活捉，押回了长安，交给了隋文帝杨坚。

次年，江南发生叛乱，隋炀帝被任命为扬州总管，率军平定了江南高智慧的叛乱，避免了南北方再次陷入分裂的可能。

隋炀帝喜好诗文，在文学方面有着很高的造诣，他曾在一首诗中写道："萧萧秋风起，悠悠行万里。万里何所行，横漠筑长城。"后世称其"有魏武之风"。

隋炀帝一生中写了很多诗词，后被人整理归纳，形成了《隋炀帝集》，多达55卷。此外，隋炀帝对书法也颇有研究，他曾下令召陈朝旧官、才学之士虞世南等百余人，聚集在一起，交流书法心得。后又命人在观文殿后修建了两座高台，专门用来收藏书法名画。

隋炀帝还非常重视文化事业，将都城迁到洛阳后，他下令将国子监、太学以及州县学恢复，并命人收集散落各地的图书，加以保护。同时，他又组织大臣们编纂了很多新书，比如：《长洲玉镜》400卷，《区域图志》1200卷，为我国古代的文化事业做出了突出贡献。

洛阳城在我国古代都城中具有举足轻重的地位，它见证了隋朝最辉煌的时期，其丰富的文化内涵，为史学家们研究我国古代的都城建筑、城市文化等提供了宝贵的材料。

西 苑

西苑在我国是一个比较常见的地名，福建莆田就有个西苑乡，洛阳、北京、天津都有西苑，其中最著名的要数洛阳西苑了，洛阳西苑是我国历史上最华丽的皇家园林，后人只知"万园之园"圆明园，其实，隋炀帝命人建造的西苑是我国皇家园林的鼻祖。

《礼记·昏义》中记载，天子有三夫人、九嫔、二十七世妇、八十一御妻，一共一百二十人，隋炀帝打算将它付诸实践，于是命人从各地广招美女。为了安置这些美人，并为自己找个玩乐的地方，隋炀帝决定在洛阳建造一座皇家禁苑，这就是西苑。

西苑以山水为主要脉络，西至新安，北抵邙山，南达伊阙诸山，占地200余亩，整体布局沿袭了从汉朝流传下来的"一池三山"的宫苑模式，以山、水、植被、建筑来进行规划设计。园中奇山碧水，相映成趣；亭台楼榭，巧置其间，环境非常优美。

西苑南部有一座人工湖，水深数丈，湖上有3座仙山，分别是方丈、蓬莱、瀛洲，山上建有各种各样的亭台楼阁，构造精巧，壮观华丽，内置机关，可供升降。湖的北面有一条龙鳞渠，是园中的主要水系，沿渠共建有十六个别院。

十六院三面临水，院门处建有飞桥和逍遥亭，史载：逍遥亭"八面合成，结构之丽，冠绝古今"，亭四周种有象征富贵的牡丹，品种多达二十多个。

隋炀帝亲自挑选了16位佳丽，封她们为四品夫人，分别入住十六处宫院，称为"院主"。此外，又为每院分配了二十名美女，命专人教她们歌舞弹奏，以备侍宴。十六院之外，还建有多处亭台楼阁，如曲水池、曲水殿、冷泉宫、青城宫、凌波宫、积翠宫、显仁宫等。

据记载，十六院的院门，全部面湖临渠而开。隋炀帝常常乘坐游船，随兴所至，任选一院前去游玩。为了获得隋炀帝的恩宠，十六院的"院主"们只好绞尽脑汁，使出浑身解数，或置办美酒佳肴，或奇思妙想，发明新玩法；或以美色歌舞，以博隋炀帝欢心。有时，隋炀帝兴致大发，便会作诗歌让宫女们弹唱，靡靡的《清夜游曲》就是当时比较著名的一首。

秋冬季节，树叶凋零，为了讨好隋炀帝，"院主"们便命宫女将绢帛剪成各种形状，系在树条上做点缀，彩绢褪色后，继续更换新的，为园中营造出一片"花木掩映，四季常春"的景色。

突厥的启民可汗来隋进贡时，炀帝为了显示隋朝的强盛，命全国各地的乐家子弟聚集洛阳，于西苑积翠池畔进行演出。对当时的盛状，史书中曾这样记载："有舍利兽先来跳跃，激水满衢，鼋鼍、龟鳖、水人、虫鱼，遍覆于地。又有鲸鱼喷雾翳日，倏忽化成黄龙，长七八丈。又二人戴竿，上有舞者，飖然腾过，左右易处。又有神鳌负山，幻人吐火，千变万化。"其中，歌伎舞者们，皆穿锦绣，鸣环佩，他们的服饰，专门由长安和洛阳的著名织坊量身定做，"两京锦彩为之空竭"。

同年，隋炀帝又在西苑宴饮群臣，并命学士杜宝将古代在水上发生的七十二件事情收集起来，撰写成《水饰图经》。后又命朝散大夫黄衮照图样用木头雕成模型，漂浮于水面。

隋朝灭亡后，西苑被改名为芳华苑；武则天时，将洛阳改名为神都，西苑也因此被定名为神都苑。唐朝时，相继有6位皇帝移都洛阳，前后长达四十年之久，分别是高宗、武则天、中宗、玄宗、昭宗、哀宗。

西苑作为皇家园林，虽然后来面积有所缩小，但风光依旧不减当年。高宗时，又命人修建了宿羽、高山两座宫殿，耗资高达三千万。西苑的宏伟瑰丽，由此可见一斑。宋元时，洛阳不再是都城，政治地位也日益衰败，皇家园林西苑也跟着败落下来。

不过，西苑在我国历史上的地位却是毋庸置疑的，隋炀帝命人建造的西苑具有里程碑的意义，不仅对唐代宫苑有着重大的影响，也是我国皇家园林向山水宫苑演变的一个转折点，标志着我国古典园林全盛时期的到来，它开创了以人工湖为中心，在湖上建山，湖周围建造宫院，即"苑中园"的形式，同时，开离宫型皇家园林之先锋，成为清朝圆明园的典范。

局势分析

西苑建成后，隋炀帝的生活变得更加荒淫糜烂，他常常带领众妃子、歌舞乐班在园中观赏游玩，楼阁里，舟船车辇上，经常是仙乐袅袅，羽裳飘飘，昼夜不息。

一次，隋炀帝竟突发奇想，命人捉来数斗萤火虫，晚上放到西苑的山林中，他和众妃子借着萤火虫幽暗的光在林中游玩，看着萤火虫四处飞舞，隋炀帝高兴得手舞足蹈。

然而，隋炀帝满足了自己的玩乐之心，却忽略了他大兴土木所耗费的人力、物力、财力，在以农为本的社会里，隋炀帝四处征发民丁，修筑公共工程，老百姓却在繁重的劳役下，衣不遮体、食不果腹。得民心者得天下，隋炀帝的骄奢淫逸只会让百姓对他更加痛恨，这为隋朝以后的灭亡埋下了隐患。

说点局外事

牡丹是我国的国花，有"国色天香"之称。隋炀帝在西苑大规模种植牡丹，收集各地的奇花异草，虽然是为了供自己和众妃子享乐，但对牡丹的发展却是一件好事，开启了我国栽培、观赏牡丹的历史。

隋朝以后，洛阳西苑成了我国种植牡丹最多的地方，武则天称帝后，命人在洛阳大量种植牡丹，今天，洛阳牡丹早已闻名世界，在国际园艺界和文化界都有着很高的地位。

关于隋炀帝沉醉于西苑牡丹，民间流传着这样一个故事。

有一次，隋炀帝和一名宠妃站在西苑楼阁上观赏牡丹，宠妃对炀帝说："牡丹是花中之王，颜色漂亮，可惜的是，牡丹长得太低了，站在楼阁上根本看不清楚，如果牡丹能长得和楼一样高就好了。"

这本来只是宠妃的一句戏言，谁知炀帝听后却认真起来，他立刻召来众花工，命其"栽种十二株高齐楼台的牡丹，每株开三色花，违令者斩"。

花工们接旨后大惊失色，却不敢言，正当他们愁眉不展的时候，太监刘天照给他们出了个主意，说是让他们上奏炀帝，请将各地的画师召到洛阳，一起讨论嫁接方法，炀帝同意了，不久，各地花师应诏而来。

经过一番讨论后，山东曹州的花师齐鲁恒提议将牡丹花嫁接到树上试一试，众花师别无他法，只好先按照他的方法去做。第二天，他们先选出杏、桃、梨、枣、桑、槐、椿等10种树木各20棵，然后在上面嫁接牡丹。

没想到的是，齐鲁恒竟然成功了，他在椿树上嫁接的牡丹顺利成活，高齐楼台，那位妃子一时的胡言乱语竟鬼使神差地变成了现实。不过，这毕竟只是一个传说，从现在生物学的角度来看，牡丹和椿树是完全不同的两种植物，想要嫁接成功是很难的。

千秋运河

为了便于控制全国，加强中央集权制，并将南方的物资顺利运送到洛阳，同时，又方便自己到各地游玩，隋炀帝决定以洛阳为中心建造一条大运河。

大业元年三月，隋炀帝开始从各地征调民兵，不久，一百多万名民夫被集中起来，开始了挖掘运河的工程。

大运河的开凿是分段来进行的：

第一段是通济渠。大业元年（605年），通济渠开始建造，隋炀帝命人从西苑（谷、洛二水相会处）引谷（即涧水）、洛水入黄河；再从板渚（今河南成皋东北）将黄河引入汴，接着，从大梁（今河南开封）东，引汴水进淮河，到山阳（今江苏淮安）。这段河道主要是从原来的浪荡渠及其下游的汴河的基础上修建而成的，考虑到要行龙舟，龙舟体积庞大，因此，此渠被开凿得很深。

第二段是山阳渎。吴王夫差时期，为了沟通长江和淮河，在扬州附近开凿了一条邗沟，隋朝在此基础上，加以疏浚扩大，将淮河水引到扬子（今江苏省仪征市），从此处进入长江。山阳渎宽有四十步，河道两旁修有大道，栽种着杨树和柳树。此外，在运河的两旁还设有驿站，每两个驿站之间建一座离宫，总共有四十多座，专供隋炀帝休息。在扬州地区，隋炀帝还特意下令建造了江都宫。

第三段是永济渠。大业四年（608年），隋炀帝决定在黄河以北再开一条运河，这也就是后来的永济渠。永济渠的规模和通济渠差不多，据记载，此渠全长1900多里，深度与通济渠相当，它也是一条可以运行龙舟的运河。

第四段是江南河。大业六年（610年），隋炀帝又命人开了一条江南河，此河全长八百多里，宽有十丈多。从京口（今江苏镇江）引江水至杭州，最后进入钱塘江，

至此，蜿蜒曲折的隋代运河才全部完工，总长四千八百多里。在开凿运河的过程中，几百万劳动人民忍饥受饿，夙夜匪懈，克服众多困难，终于完成了这项举世罕见的伟大工程。

运河建成后，隋炀帝就迫不及待地带着众多姬妾乘着大龙舟外出游玩，但大运河的最主要作用还是漕运。隋唐时期，常常能看到洛河上帆樯林立，众多小船来往穿梭，洛阳在当时是中国最大的商品集散地。

大运河兴盛了六七百年，元朝时，忽必烈统一了中国，将都城建在了北京，为了方便北京到杭州的水上运输，忽必烈下令在山东地区重新开凿渠道，取直大运河，从这之后，大运河不再绕道洛阳，并使用至今，这就是著名的京杭大运河。

隋朝开凿的大运河在我国历史上产生了重大的作用。它连接了长江和黄河两条流域，也连接了两个文明。它的开通，推动了运河两岸城市的发展，也促进了中国南北地区的经济、文化交流，江都、余杭、涿郡等地的商业贸易很快繁盛起来，除此之外，大运河的开通也进一步加强了中央集权制并维护了国家统一。

同时，隋朝大运河为唐文化在世界上的兴盛奠定了基础，使其迎来了

开元之治。隋朝存在时间虽然短暂，却换来了唐朝的长治和极盛。

在当时，隋朝开凿的大运河是世界上运输里程最长，工程量最大的运河，也是我国最古老的运河之一。它的开凿，充分体现了我国古代劳动人民的聪明才智和创造力，和万里长城一样，大运河千百年来饮誉世界。只是，隋炀帝在开凿运河的过程中，使用了大量的人力、财力，过重的劳役使老百姓不堪重负，怨声载道，这也是导致隋末民变爆发的原因之一。

局势分析

广通渠、通济渠、永济渠被称为隋朝三渠，彼此之间互相沟通，也是开凿隋朝大运河的基础。

北宋之前，中国是没有"运河"这个名称的。宋朝的都城开封当时是靠"漕运四河"（汴渠、黄河、惠民、广济）来运送粮食的，那时才有了"运河"的简称。从这以后，凡是由人力开凿，用来漕运的人工河都被叫作运河。

实际上，宋以前，很多朝代也开凿有大大小小的人工河，只是名称不一样，有的因为河道狭窄，被称为"沟"，例如：邗沟、鸿沟；有的则因为河道宽阔，水流量大，被称为"河"，如江南河、五丈河；有的虽是人工建成，但毕竟与自然河有区别，故被称为"渠"。渠主要有两种类型，一种供百姓灌溉庄稼，一种供水上运输，人们将主供运输的渠称之为"运河"，隋朝三渠正是如此。

在隋朝三渠中，广通渠并不被后人熟知，主要是因为当时修建时较少劳民，而且，唐朝以后，此渠就被荒废了。但在隋的三十余年中，此渠为关中的粮食运输和灌溉做出了重大贡献。唐朝初期，能继续在长安建都，也有赖于此渠

相反，对"通济"、"永济"二渠，人们的关注度比较高，主要是：这两条渠开凿时，劳民伤财，百姓为此付出了沉重的代价。现今，通济渠的分段以及各段修建的起讫时间，包括当时的实际名称，史籍上记载的不禁

相同，人们也无法做定论。

　　永济渠何时竣工不详，从现存的水道来看，此渠由武陟至汲县一段，有"引沁"遗迹。当时，隋炀帝开凿通济渠是为了乘龙舟，幸江都，开凿永济渠，则是为了征高句丽，运送军需。

说点局外事

　　据记载，隋炀帝为了开凿大运河，前后动用了数百万民工，这个数字，即使放在今天也是十分惊人的，而隋炀帝之所以如此兴师动众的开凿大运河，除了是方便自己乘船外出游玩外，还有一个重要原因，即：泄一泄睢阳（今河南商丘境内）一带的地气，这也是民间流传最广的说法。

　　据说，当时睢阳有王气出，说是后五百年有天子兴。于是谏议大夫萧怀静（萧皇后的弟弟，杨广的小舅子）便向隋炀帝上奏说："臣闻秦始皇时，金陵有王气，始皇使人凿断砥柱，王气遂绝。今睢阳有王气，又陛下意在东南，欲泛孟津，又虑危险。况大梁西北有故河道，乃是秦将王离畎水灌大梁之处，欲乞陛下广集兵夫，于大梁起首开掘，西自河阴，引孟津水入，东至淮口，放孟津水出。此间地不过千里，况于睢阳境内过，一则路达广陵，二则凿穿王气。"隋炀帝听到这个建议后非常高兴，并立即命人开凿大运河。

　　需要注意的是：上述说法只是野史传说，随意性强，其中也不乏添枝加叶的内容，无法作为历史证据来对待。因此，隋炀帝开凿大运河是否有风水上的原因，至今仍是个未解之谜。

　　至于隋炀帝开凿大运河是为了方便自己下扬州看琼花、猎艳等荒淫之事，从大量的民间传说以及史料记载来看，似乎是属实的。《隋炀帝艳史》就曾记载，大运河开通后，隋炀帝便借着观琼花的名义，乘龙舟下江南猎色。在大运河流经的苏北地区，至今仍流传着隋炀帝下扬州临幸美女的荒淫故事。

　　然而，史学家们却对此有不同有意见，他们认为：隋炀帝开凿大运河恐怕不单单是方便自己看琼花、猎艳、泄地气那么简单，其最大的目的可能是为了便于将江南地区的大量物资北上运输，以此供应京城所需。例如：大运河开通后，江南地区的大米、丝绸、锦缎、珍货等被陆续运往洛阳。再来，大运河的开凿，方便了隋炀帝沿河四处访察民情。

至于史籍和野史中都说隋炀帝太荒淫昏庸了，主要是因为在开凿大运河时，隋炀帝大肆征调民丁，伤害了百姓，自然也得罪了文人，因此，隋炀帝被妖魔化也就在所难免了。

酷吏麻叔谋

隋炀帝派人开凿的大运河影响深远，是当时世界上最长的一条运河，它的开通，加强了我国南北方的经济、文化交流，有助于国家统一，只是，这些评价都是随着历史的发展被后人所赋予的。

在当时，隋朝百姓对隋炀帝开凿大运河是抱着恐惧、抱怨又痛恨的心态，随着炀帝的荒淫腐败，人们对炀帝的不满日益加深，这种不满情绪并没有随着时间而淡化，当时很多文人在隋炀帝开凿大运河一事上大做文章，这中间甚至牵扯上了一段吃人故事。

隋炀帝开凿大运河时，任命麻叔谋为开河都护，令狐达为开河副使都督，负责监督工程的顺利实施。

麻叔谋是隋朝有名的酷吏，性情残暴凶狠，他下令命运河两岸15岁以上的男丁服役，同时，又从每五家中抽一人出来，专门给民工做饭，或老，或少，或女子，这次共征发了360万人，一段时间后，由于劳动负担过重，再加上监工动不动就用棍棒毒打民工，250万人相继死去。

这一路上，麻叔谋还接连挖了不少古墓，每挖一处，他就会命人将其鬼神化，说是什么大金仙墓，四壁有古字和彩画，张良墓地、宋襄公墓地等也难逃此劫。

行至宁陵县后，麻叔谋患病，卧床不起，四处求医诊治，医生说要以嫩羊肉为引，同杏酪、五味子一同蒸食，麻叔谋吃过几次后，病果然好了。不过，从这之后，他开始对羊肉欲罢不能。

有个名叫陶榔儿的人，家住宁陵下马村，兄弟五人都十分凶悍，再加上其家境殷实，便成为了当地的一霸。

说来也巧，大运河的开凿路线正好要经过陶榔儿家的祖坟，陶榔儿虽横行乡里无人敢惹，但此次，对方可是当今的天子，即使他是乡里的霸王，也是惹不起的。

陶榔儿怕搬祖坟会破坏自己家的风水，但又不敢和当今的天子作对，后他心生一计，决定从监工麻叔谋"入手"，和他搞好关系，卖个人情。

陶榔儿打听到麻叔谋喜欢吃羊肉，于是，他便开始从这点上动起了心思。他觉得，单用几只羔羊并不能买通麻叔谋，相较于羊羔肉，婴儿的肉更细腻，于是，他便命人去偷了一个四岁的男童，切掉头脚，蒸熟后将其呈给麻叔谋。

麻叔谋吃过后，觉得这肉香美异常，比羊羔肉味更好吃，便询问陶榔儿这肉是什么肉，陶榔儿说是小孩肉，麻叔谋听后非常高兴。

乘此机会，陶榔儿向麻叔谋请求将运河改道，麻叔谋别无他法，只好下令让民工们在开凿大运河时，在陶家坟处拐个弯。

后来，麻叔谋吃人的事情成了公开的秘密，很多乡绅也效仿陶榔儿，从民间偷来小孩敬献给麻叔谋，以谋取利益。

当时，村子里的孩子接连丢失，数量过百，村落里常常能看到因丢失孩子而痛哭的母亲。一些有小孩的人家，为了防止孩子被偷走，特地制作了一个用铁皮裹缝的大木柜，晚上睡觉时，就将孩子藏在柜子中，用锁锁住，全家人晚上轮班看守。天亮后，若打开柜子，看到孩子还在里面，众人会聚在一起庆贺，然而，即便如此，孩子丢失的现象仍旧陆续发生。

大运河竣工后，隋炀帝率众妃子、大臣从洛阳出发，前往江都，行至宁陵时，由于运河渠道弯曲，隋炀帝的船被卡在河中。

气愤不已的隋炀帝命人将令狐达抓来，问河道弯曲是怎么回事，令狐达于是将麻叔谋吃小孩的事情如实禀报，炀帝听后大怒，以"食人之子、受人之金、遣贼盗宝、擅易河道"等罪名将麻叔谋抓捕，后将其处死。

局势分析

麻叔谋吃人的事情在民间流传很广，然而，在《隋书》和新、旧唐书中并没有关于此事的记载。《隋书·炀帝本纪》中，关于修建东都和显仁宫，都载有其主持大臣姓名，但在开凿大运河一事中，并没有记载主持者。《资治通鉴》记载的主持修建大运河的大臣是尚书右丞皇甫议，而不是麻叔谋，因此，有人怀疑麻叔谋吃人一事只是一种民间传说，并不是真事。

不过，唐代颜师古的《隋遗录》（又名《大业拾遗记》）中曾这样记载："大业十二年，炀帝将幸江都，……车驾既行，师徒百万前驱。大桥未就，则命云屯将军麻叔谋浚黄河入汴堤，使胜巨舰。叔谋御命甚酷，以铁脚木鹅试彼浅深。鹅止，谓浚河之夫不忠，队伍死冰下。至今儿啼闻人言麻胡来，即止。其讹言畏人皆若是。"但有人怀疑《隋遗录》是唐宋时期伪讹之书，不足信。

唐代李匡文编撰的《资暇集》中有一篇《非麻胡》，文中写道："隋将麻祜性暴酷，炀帝令开汴河（即运河之西段），积威既盛，至稚童望风而畏，互相恐吓曰麻祜来。童稚语不正，转祜为胡。"主要是说：麻祜为麻胡的谐音，主持大臣皇甫议的官位在令、仆射、左丞之下，但《隋书》并没有为麻叔谋立传，麻叔谋开河官职又在议下，因此，《隋书》不见著录不足为怪。《隋书》中，隋炀帝时期的大将记载的只有十人，麻叔谋官位卑微，自不著录。

元末的陶宗仪在《说郛·炀帝开河记》中写道："隋炀帝大业元年，征发民工五百余万人，命将军麻叔谋开运河，自大梁至淮口，趁机贪墨，收宋襄公、宋偃王鬼魂之贿，应允不伤害其坟墓，乃擅自改变开挖线路。又常蒸食民间小儿。后奸赃败露，被腰斩。"《隋唐演义》中的故事就是由此而来，因此，麻叔谋吃人的故事也有可能是真的。

说点局外事

在鹿邑，人们称妈糊为"妈糊子"，其实，这个称呼和隋朝的麻叔谋有很大的关系。

过去，小孩子哭闹时，大人们就会说："别哭了，再哭'妈糊子'就来了。"以此来吓唬小孩子。实际上，妈糊子原为麻胡子，也就是隋朝时，被传吃小孩的麻叔谋。

麻叔谋吃过一次小孩肉之后就上瘾了，每天就想着怎么从村里偷个孩子吃。宁陵一带的小孩被他吃了很多，百姓们只好将孩子藏起来。

麻叔谋接连几天吃不到孩子肉，非常恼火，有人向他提议，可以到鹿邑偷小孩吃，麻叔谋听后非常高兴，立刻派人前去。

不久，鹿邑的小孩接二连三丢失，官府不管，百姓们只好将孩子藏起来，并对孩子说："别哭，麻胡子听到你哭后就将你抓去吃了。"结果，孩子们一听麻胡子三字就吓得不敢哭了。

后来，鹿邑的老君爷显灵，将麻叔谋的罪行告诉了隋炀帝，隋炀帝虽是昏君，但看到老君爷显灵，自然不敢怠慢，于是命人将麻叔谋处死，陶榔儿兄弟也被就地正法。

麻叔谋死后，官府将其尸体交给鹿邑的老百姓处理。百姓们对麻叔谋恨之入骨，都想吃他的肉，喝他的血，但因为人多不够分，于是，人们便决定将他剁碎炖汤喝，这样就人人有份了。

炖汤时，因为喝的人多，必须往汤里加很多水，这时汤又变稀了，人们便将黄豆、小米磨碎成沫，取汁放入汤中，这样人人都喝上了麻胡子汤，解了心头之恨。

人们为了纪念这件事，就把浸泡的黄豆、小米磨碎成沫，取汁煮汤喝，并为汤取名为"麻胡子汤"，即好喝又解气，所以人们都喜欢喝这种汤。后来，因汤的颜色看起来很像乳汁，人们将"麻胡子"改成了"妈糊子"。

亲征吐谷浑

开皇初年，隋朝陇西（今甘肃）一带多次遭到吐谷浑的入侵。吐谷浑是青海，河西一带的强国，风情民俗与突厥基本相似，处于半游牧半定居状态。

吐谷浑于329年建汗国，首都位于青海湖西的伏俟城，由于地理位置优势，他们控制了丝绸南路河西走廊主干线青海道，此外，还占领了西秦故地。青海道是当时世界上最长的陆路交通干线，连结亚、非、欧三大洲。

隋朝统一中国后，吐谷浑对隋的入侵逐渐减少。591年，吐谷浑新上任的可汗慕容世伏向隋朝称藩。596年，为了表示对隋朝的友好，世伏派使臣来隋朝进贡并要求和亲，隋文帝将宗室女光化公主嫁给他为妻。

597年，吐谷浑发生内乱，世伏被杀死，其弟慕容伏允成为吐谷浑首领，自称步萨钵可汗，并娶其嫂光化公主为妻，然而，步萨钵可汗常常向人打听隋朝的情报，这让隋文帝很是厌恶。

隋炀帝即位后，步萨钵可汗每年都会派使者向隋朝进贡，不过，炀帝早有畅通丝绸之路，控制西域之心，登基后不久，他就派大臣裴矩前去游说高车国，攻击吐谷浑。

608年七月，高车国正式向吐谷浑发动进攻，吐谷浑惨败，步萨钵可汗率残部退到西平郡（今青海乐都）境内。隋炀帝乘机派安德王杨雄率兵出浇河（今青海贵德），宇文述率兵出西平，共同截击吐谷浑败军。

步萨钵可汗得到消息后，率众西逃，宇文述立刻率众将领追击，在曼头城（今青海兴海北）两军遭遇，经过一番激战，吐谷浑再次战败，赤水城被隋军占领，步萨钵可汗逃往尼川。

宇文述率兵继续追击，在尼川，杀吐谷浑军3000多人，俘虏男女百姓4000人，吐谷浑王公贵族200人，不过，狡猾的步萨钵可汗还是乘机逃掉了，他后来逃到了雪山（今青海鄂陵湖南）。

609年3月，隋炀帝率兵西巡，这次，炀帝有意将剩余的吐谷浑残部一举铲除。4月，步萨钵可汗派使臣向隋请和，无奈，隋炀帝铲除吐谷浑，畅通丝绸之路的决心已定，因此，他拒绝了步萨钵可汗的请求。

5月，隋炀帝率兵亲征吐谷浑。步萨钵可汗自知寡不敌众，率兵逃往青海，炀帝命大将刘权率军追击，吐谷浑大败，数千人被俘。

炀帝命刘权乘胜进攻吐谷浑首都伏俟城，自己则亲自率兵追击逃跑的步萨钵可汗，处境窘迫的步萨钵可汗慌不择路，最后逃到了覆袁川（今青海湖东北一带）。

覆袁川地势特殊，山岭颇多，隋炀帝深思熟虑下，决定将隋军兵分四路，元寿南驻金山（今托赖山），段文振北驻雪山（今祁连山），杨义臣东驻琵琶峡（今甘肃张掖西南），张寿西驻泥岭（今大通河上游），四面围击步萨钵可汗。

不过，隋炀帝的围击战并没有困住步萨钵可汗，他派人假冒自己，率军退守到车我真山（今青海祁连东南一带），等隋军将注意力全部集中到车我真山的时候，他自己则偷偷地带领了大队人马逃跑了。

气急败坏的隋炀帝命大将张定和、柳武建追击，张定和由于轻敌，不幸被吐谷浑军射死。柳武建率兵奋力反击，大败吐谷浑军，吐谷浑仙头王率10万民众投降。6月，隋炀帝又派大将梁默、李琼追杀步萨钵可汗，两人却因为轻敌冒进被杀。

隋炀帝决定再亲自追击步萨钵可汗，他率领大部队经大斗拔谷往外迁移，由于地处高原，山路隘险，周围又被茫茫大雪覆盖，将士们行军很慢，不久，一部分人便被冻死，隋炀帝只好下令撤退。步萨钵可汗最后逃到了党项，却没有能力再战了。

局势分析

隋朝打败吐谷浑后，隋炀帝在吐谷浑故地设四郡，即西海（今青海湖西，西海郡在吐谷浑故都伏俟城）、河源（今青海兴海东南）、鄯善（今新疆若羌）、且末（今新疆且末南）。至此，东起青海湖东岸，西至塔里木盆地，北起库鲁克塔格山脉，南至昆仑山脉皆为隋朝领土。

隋炀帝还下令将朝中罪行较轻的犯人发配此地，并允许他们在吐谷浑故地居住。同时，命刘权率军镇守河源郡，大开屯田，恢复经济。隋朝正式在青海一带设置行政区，实行郡县制度管理，这是以往各朝从没有过的。

隋炀帝此次亲征，彻底征服了吐谷浑，打通了丝绸之路，加强了中国与西方之间的贸易联系，西域各国也开始向隋朝进贡。

说点局外事

在608年，隋军与吐谷浑第一次交战取得胜利后，隋炀帝于609年3月进行了一次西巡，他率领大军浩浩荡荡地从长安出发，西上青海，经大斗拔谷，最后抵达了河西走廊的张掖郡。

炀帝此次出行绝不是游山玩水的，西部地区自然环境恶劣，有些峡谷常年积雪，温度多在零度以下，隋炀帝一行时不时还要遭受暴风雪的袭击，一路上吃尽了苦头，狼狈不堪。

这次西巡，隋炀帝主要是为第二次征讨吐谷浑，打通西域通道做准备。他到达张掖后，西域各小国君主纷纷前来朝见，表示愿意臣服于隋朝，各国商人也开始聚集到张掖进行贸易。为了炫耀隋之强盛，炀帝还特意在古丝绸之路上举行了万国博览会，场面盛大，堪称创世之举。

隋炀帝西巡历时半年，意义重大，在我国封建社会，皇帝到西北这么远的地方巡查，隋炀帝还是第一人，也是唯一一个。唐太宗李世民曾感慨地说道："大业之初，隋主入突厥界，兵马之强，自古以来不过一两代耳。"

炀帝此次西巡，开拓疆土、安定西疆、开展贸易、畅通丝路，为隋朝的发展做出了重大贡献。丝绸之路是沟通中西交往的一条重要通道，隋朝存在的时间虽然并不长，但其间丝绸业的发展却令人瞩目。隋朝灭亡后的十几年里，都城洛阳储存的布帛依旧堆积如山，有些王公贵族家里甚至拿绢做成绳索，用来汲水，或用布烧火做饭。

隋朝在我国历史上是一个重要的转折点,它统一了中国,畅通了丝绸之路,为唐朝丝路的鼎盛打下了坚实的基础。

三征高句丽

隋朝时,朝鲜半岛上有 3 个国家,分别是高句丽、百济和新罗,其中,高句丽的国力最为强盛。高句丽一直与中国保持着友好的关系,隋朝建立后,高句丽每年都会派使者向隋朝进贡,隋文帝封高句丽统治者为高句丽王。

隋炀帝登基后,隋朝国力强盛。大业三年(607 年),隋炀帝北巡榆林(今内蒙古准格尔旗)时,启民可汗和他的妻子前来觐见。炀帝一行走到云中郡时(今山西大同市),高句丽使臣来访,隋炀帝对高句丽使者说,让他们首领高句丽王前来觐见,否则他就带领启民可汗一同前去高句丽。

这无疑是一种威胁和恐吓,然而,高句丽王对此并没有理会,炀帝多次下令召他入隋,他都没到。隋炀帝对此很是气愤,大怒之下竟决定率兵亲征高句丽,大臣裴矩对炀帝的做法很是支持,他说,高句丽原是汉之三郡,西晋时也归中土管辖,现在隋派兵亲征高句丽只是收复故土,这也为隋炀帝亲征高句丽提供了合理的依据。

大业八年(612 年),隋炀帝因高句丽国王高元不肯朝见为由,不顾国内的局势,毅然远征高句丽。

隋炀帝亲自率领 113 万大军,号称 200 万从涿郡(今北京)出发。由于队伍庞大,隋炀帝把队伍分成 24 路,一路一路出发,光出发仪式,就用了一个月的时间。又花了一个月的时间,才到达了辽东城。而这时,高句丽上下也已做好了作战的准备。

隋军在数量上虽然远远高于高句丽,但兵在精而不在多,何况隋军背井离乡,再加上路途遥远,士气极为低沉。隋炀帝带领大军围战辽东城,可就是久攻不下。于是,他派出 35 万军队,计划绕过辽东城,直接进攻高句丽都城平壤，却惨遭高句丽埋伏，隋军乱了方寸，军队溃败，争相逃命。逃至辽东城。这时隋军只剩下 2000 多人。资储器械，早已丧失殆尽。隋炀帝第一次攻打高句丽，以惨败收场。

大业九年（613 年）四月，隋炀帝准备第二次远征高句丽，兵马未动粮草先行。为了第二次的远征，隋炀帝花费了比第一次更多的物资。他大肆搜刮百姓，筹备军资，连年征战，百姓早已怨声载道。各地农民起义陆续揭竿而起，对于这些起义军，隋炀帝并没有放在眼里。他只是命令地方官加紧剿灭。自己则毅然决然踏上了远征高句丽之路。

有了第一次受阻辽东城下的经验，这一次他派人做了 100 万只装土的布袋，垒成和城墙一样高的高台。另派一支军队到鸭绿江边与水军会合。眼看着攻城指日可待。6 月底，都城突然传来消息：贵族杨玄感在河南发动兵变，兵力数万，准备进攻东都洛阳。

隋炀帝怕丢失帝位，当夜便带领百万大军撤退，军械财物，全部丢弃。第二次征讨高句丽，隋炀帝再次以失败而告终。

大业十年（614 年）正月，在把杨玄感的叛乱平定后，隋炀帝又开始准备第三次远征高句丽，七月，隋炀帝任大将来护儿为先锋，进攻卑沙城。高句丽因连年征战，早已疲惫不堪，故遣使求和，并把斛斯政遣返，以示诚意。隋炀帝也因国内农民起义遍地，国库紧缺，便见好就收，接受了高句丽投降，随即班师回朝。

比较讽刺的是，高句丽虽表面上投降了，但高元始终不入朝觐见。隋炀帝虽气愤，但隋王朝当时早已摇摇欲坠，再也无力承受战争的开支了。

局势分析

大业四年（608 年），隋朝开始了远征高句丽的准备工作，鉴于隋文帝时期征高句丽的失败教训，隋炀帝从全国征发了一百多万劳动力，挖了一条永济渠，解决了转运线太长的问题。

此外，隋炀帝还下令广置军府，大造兵器，充实军马，兴造战车、战船等。大业七年（611年），隋炀帝乘龙舟从江都（今江苏扬州市）出发，直抵涿郡，并下令从各地征召民丁。

此次所征的民兵中，有江、淮水手10000人，弩手30000人，岭南排镩手30000人。此外，隋炀帝又命令东莱（今山东莱州市）建造300艘战船，因官吏催促，工匠们只好整日泡在水中操作，很多人自腰以下腐烂生蛆，死伤无数。

隋炀帝又命河南、淮南、江南三地制造五万辆战车，并从河南、河北征发民夫运送军需。征江淮以南的民夫和船只，主要负责将黎阳、洛口等地的粮食运至涿郡。

在备战过程中，山东民兵的负担是最重的，数十万民夫奔波于运粮途中，车牛一去不返，大批丁男死亡。牛车破损后，隋炀帝下令用人力拉车，二人共推一车，运粮三石，由于路途遥远，常常会出现还没到达目的地粮已吃完的现象。民夫们无法交差，只好逃亡。

最后，60万运粮车夫逃亡大半，以致田园荒芜，民不聊生。农民纷纷聚众起义，攻城掠邑。征高句丽之战尚未开场，民变已然发生。

然而，尽管如此，隋炀帝仍旧不顾一切，于大业八年（612年）悍然发动远征高句丽的侵略战争。

说点局外事

据说，高句丽原先是周朝初年殷宗室箕子的封地，当时便被称为朝鲜。春秋战国以后，燕齐地区不断有民众移居朝鲜，朝鲜及朝鲜半岛南部的真番开始向燕国称臣。

西汉初期，卫满率兵攻打朝鲜，占领了王险城（今朝鲜平壤），降伏了真番等小国，但仍向汗称臣。

汉武帝时，朝鲜欲与汉分庭抗礼，并阻止其周围的小国向汉朝进贡。汉武帝派兵前去征讨，朝鲜大败，向汉朝投降，汉武帝将朝鲜划分为乐浪、玄菟、真番、临屯四郡。

汉元帝时，扶余人朱蒙率兵占领了朝鲜旧地，并在此建立了高句丽国，后来，高句丽的势力曾扩展到辽河沿岸地区。西晋时，高句丽被前燕灭亡，南北朝时期，各诸侯国纷争不断，高句丽残部趁此机会复国。

开皇十八年（598年）二月，高句丽王高元率兵1万进攻辽西地区，隋将韦冲将其击退，对高句丽的侵袭，隋文帝非常气愤，随即决定派水陆两军前去征讨高句丽。

六月，隋文帝下令将高句丽王高元的官爵废黜。与此同时，隋军在临渝关（今河北山海关）遭遇水灾，军粮无法运送，军中断粮，并流行起了疾疫；水军这面的状况也没好到哪去，从东来（今山东莱县、来阳以东地区）起渡后，就遭到了大风，大部分的船舰被吹散，人员伤亡惨重，九月，隋军只好撤回。

高句丽王高元得知隋朝将要进攻高句丽的消息后，十分惶恐，急忙派使者入隋谢罪，并称自己是"辽东粪土臣元"。

隋文帝见此，便决定不再征讨高句丽，"高句丽服罪，朕已赦之，不可致伐。"两国至此修好。

巡幸天下

隋炀帝在生活上非常奢侈。他不仅大兴土木，还花费了大量人力、财力来修建豪华宫殿。为了将宫殿装扮更加奢华漂亮，他特意命人从全国各地搜集名花异草、珍禽奇兽，运往洛阳。

此外，隋炀帝还经常外出游玩，大业元年（605年），隋炀帝继位，八月，他便带领着众多大臣和妃子乘坐龙舟前往江南游玩，第二年四月返回洛阳；三年（607年）隋炀帝北巡榆林；四年（608年），隋炀帝西巡张掖（今甘肃张掖），在那里接见了西域各国的使者；六年（610年），隋炀帝再次乘龙舟游江都；七年（611年）至九年（614年），隋炀帝率军"三征"高句丽；大业十一年（615年）隋炀帝北巡长城；十二年（616年）七月，隋炀帝开始了第三次江都之旅。从这些行程中我们不难看出隋炀帝生性好动，不喜安居的性格。隋炀帝在位一共 14 年，在长安居住不到一年，在都城洛阳仅待了 3 年，剩余时间几乎都在外巡游。

孟子说："巡狩者，巡所守也。"在古代，皇帝外出巡游，访察民情是勤政的表现，隋炀帝则不然，北巡是为了显示威风，西狩是为了向西域使者炫富，东征是为了炫耀武力，南游则是玩乐。

隋炀帝自己生活奢侈，对百姓却残酷剥削。他每次出游，都会下令让沿途各县供献食物，吃不完就命人将饭菜埋掉。供献物品多的官员就可以加官晋爵，不合其心意的便会受到谴责甚至遭受杀身之祸。为了满足隋炀帝的需求，官员们开始变本加厉的剥削百姓，其中，最严重的便是无休止的兵役和徭役。

隋炀帝在去北方边境巡视前，专门从河北十几个郡中征调出一大批民工，开凿太行山，为其铺一条巡视的道路；为了确保巡视过程中的安全，他又下令征发了一百多万人修筑长城，并限定 20 天之内完工。等这一切准备就绪后，隋炀帝才带着五十万将士浩浩荡荡地出发了。

北方没有现成的宫殿，隋炀帝又命宇文恺想办法。最后，宇文恺为隋炀帝建造了一个活动宫殿，叫做"观风行殿"。此行殿可以容纳侍卫几百人，下面装有可以随意移动的轮轴，还可以拆卸，使用的时候安装起来，不用的时候便可以拆掉装运。可说是世界上最早的活动房屋，只是，它的发明是供隋炀帝享乐的。

从 605 年到 611 年，隋朝百姓一直过着暗无天日的生活，隋炀帝不断劳役，伐木造船，开山通道。有时候男丁不够用，便逼着妇女服役，致使饿殍满道，民不聊生。大量的财力、人力、物力征发，使百姓对隋炀帝极度不满，也因此加速了隋朝的灭亡。

局势分析

历史上，皇帝外出巡游带有很强烈的政治色彩，巡游是皇帝炫耀文治武功，满足猎奇需要的一种娱乐方式，当然，还有的皇帝是为了访察民情，巩固国家统治。隋炀帝的巡游显然更符合前者，一来为游玩享乐，二来为向百姓摆威风。

从洛阳至江都的大运河修好后，隋炀帝便带着二十万人游江都去了，出发那天，隋炀帝和萧皇后分别乘坐了一艘四层高的豪华龙舟，龙舟被装饰的金碧辉煌，上面有宫殿和上百间宫室。后面紧跟着的就是王公贵族及文武百官乘坐的几千条彩船，再往后的便是装载着士兵、武器和帐幕的船，数量亦是上千。上万条船只在河面上依次排开，船头船尾相接有二百里长，可谓是规模宏大。

可能有人会疑惑，这么庞大的队伍，船要如何行使呢？这些事情，隋炀帝早已经安排好了。他下令征发了八万多名民工，站在运河两旁的御道上给船只拉纤，此外，还有两队骑兵沿岸护送，河面上行驶着华丽的船只，两岸彩旗迎风招展，到了晚上，更是灯火通明，鼓乐喧天，一派豪华景象。

那时，江都是一个非常繁华的地方，隋文帝到江都后，为了显示自己的威风，用了十多万人来装饰自己的仪仗，耗费的钱财更是多达上亿。尽情享乐了半年后，隋炀帝又带着他的大队伍耀武扬威地返回了洛阳。从这之后，隋炀帝几乎每年都要外出巡游。

说点局外事

江都也就是现在的扬州，隋炀帝和扬州有着很深的渊源，可说是"虽不生于斯，却死于斯"。

隋炀帝这一生单在扬州生活的时间就长达 14 年，开皇十年（590 年），他被封为扬州总管，镇守江都，在此地生活了 11 年，即位后，又在扬州生活了 3 年多。

至于隋炀帝为什么在扬州生活这么长时间，史学家们的观点比较一致，他们认为：炀帝是为了避父皇威仪，免遭兄弟猜忌，确立隋朝政治、经济、军事、文化向南朝化发展，并避开义军的威胁。

隋炀帝登基后，常常给扬州一些优惠政策，大业元年十月初二，隋炀帝就宣布"扬州给复 5 年，旧总管内给复 3 年"大赦江淮以南，扬州免除 5 年租税，旧总管内免除 3 年。大运河的开通，更是使扬州成为了商贸中心，大批人才来此聚集。作为隋朝的陪都，扬州当时的人口有 10 万多，隋炀帝还在此修建了很多富丽堂皇的宫殿。

唐朝时，扬州的发展达到了巅峰，成为了国内最重要的港口城市，也是南北地区粮、盐、钱、铁等的运输中心。农业、商业和手工业有了很大的进步，工厂和手工作坊鳞次栉比。不仅在江淮地区富甲天下，更是中国东南第一大都会。经济地位甚至超过了长安、洛阳，有"扬一益二"之称。

登上皇位后，隋炀帝曾三下扬州，由于好排场，喜爱奢华，其所乘龙舟的数量之多、规模之大在历史上都是十分罕见的。

《隋书·帝纪·炀帝》《资治通鉴》中都曾记载了隋炀帝乘龙舟游扬州的过程，龙舟船队从洛阳开始出发，用了 50 天才全部离开。

隋炀帝创造了丰功伟绩，但也因为残暴、奢侈、荒淫给百姓带来了沉重的灾难，并使盛极一时的隋朝走向了灭亡，然而，隋炀帝对扬州的贡献，在历史上是无人能及的。

《诸病源候论》

中医是我国的传统医学，隋朝时，已经有了 1000 多年的发展历史，且在各个方面都有了突出成就，各学科也有了自己的专业著作。例如：医学理论与治法方面的著作《黄帝内经》，是中国现存最早的医学典籍；阐述外感热病治疗规律的专著《伤寒论》；以及中药学著作《神农本草经》等。至此，我国的中医学在理、法、方、药等方面已渐成规模，在学术体系上也基本实现了详细、全面的程度。

保存至今的中医学理论著作，大多完成于汉代以前。大业六年（610

年），在隋太医博士巢元方的率领下，众太医又一起合作编纂了病源学和证候学说方面的专著，这就是著名的《诸病源候论》。

巢元方生活于隋唐年间，其籍贯、生卒年在史籍中均没有详细记载，有传说是西华人。隋大业年间（605～615），任太医博士、太医令，业绩卓著，但《隋书》中并没有关于巢元方的记载，只在宋代的传奇小说《开河记》中载有一段他的事迹。

据说，隋朝有个名叫麻叔谋的大总管，他得了一种叫"风逆"症的怪病，头晕恶心，身子还不能动，每天只能躺在床上，家人请来巢元方为他诊治。号过脉后，巢元方认为他的病是风邪侵入皮肤导致的，生病的部位在心脏。他让麻叔谋的家人将嫩肥羊蒸熟，与药粉一起喂其服用。没多久，麻叔谋的病便好了。

巢元方在治疗的过程中，能充分掌握药食同疗的原理，可见他的医术很高。同时，从这种小方子治大病，药与食物相结合的治疗方法中，我们不难看出为医者的博才多学，聪颖敏锐。

《诸病源候论》又称为《诸病源候总论》《巢氏病源》，全书共50卷，主要是对各种疾病的症状、病因等进行探讨的医书。该书针对临床上的各种疾病进行了整理，搜集，又将它们按病种予以系统的分类。每种疾病的末尾都会有一段导引法，但没有治疗方法。

《诸病源候论》内容丰富，主要包括内科、外科、儿科、妇科、五官、口齿、骨伤等多科疾病，为后世医学提供了很大的帮助。《外台秘要》《太平圣惠方》等医学著作中，对病因、病理的分析，很多都是以此书为根据。

除内容丰富外，《诸病源候论》还有这样三个特点：

1.本书涉及的范围非常广泛，而且还发展了证候分类学体系；

2.在病因学说方面，相较以前，有了很大的进步；

3.对疾病的发病症状描述的十分细致，准确。

如：书中记载，疥疮是疥虫导致的，疥虫的形状很像水中的蜗牛，主要藏在湿疥的脓疮中，用针头挑破便能看到。其观察之细致，在病因学说中的形态学上可说是一大进步。

寸白虫（绦虫的别称），书中这样描述道：寸白虫的身体会一段一段的生长，逐渐长成四五尺长的大虫。人们得了寸白虫病，主要和食用没有熟透的鱼肉和牛肉有关，这与现代医学对绦虫的描述十分相近。

隋朝的时候，人们对过敏性疾病的认识还非常有限，《诸病源候论》填补了这一空白。例如：书中提到漆疮（现今的油漆皮炎，常见的一种皮肤病），说道：此病发病时会出现米粒样的丘疹，主要发生于对漆敏感的人身上，皮肤接触到漆以后，就会发病。这是我国最早的免疫学研究，联想到 19 世纪青霉素问世后，有些患者因为注射前没有做过敏测试，导致死亡的惨案，巢元方在书中对过敏性疾病观察之精，分析之深，令我们肃然起敬。

此外，书中还对传染病，例如：肺结核、天花、脚气病等做了详细记载，甚至还提到了人工流产，并指出：勤刷牙是保持牙齿健康的关键。令人惊叹的是，书中还详细记载了肠吻合手术实施步骤，缝合技术以及术后的护理，虽然我们无法详细地了解到此项手术的消毒、如何预防感染、成功率等一些细节问题，但只要想到这是来自公元 7 世纪的外科手术记载，便觉得慨叹不已了。

《诸病源候论》对隋朝以前的医学成就进行了总结，集 5 世纪之前的病候之大成，是我国现存最早的一部详细记载病因病理的医学专著，此书继《内经》《难经》《伤寒论》《金匮要略》等书之后，进一步研究并探讨了我国中医学的理论体系，是医学遗产中最为宝贵的文献之一，现今著名的中西医药专家陈邦贤等人曾说，《诸病源候论》是有隋一代千古不朽的著作，无疑是对这本医学巨著最大的肯定。

《诸病源候论》中虽然没有记载疾病的治疗方法，但其有着非常重要的资料价值，直到今天，仍是医者们的常备用书。

局势分析

隋朝时，建立了"太医署"，属太常寺管辖，在校师生有 300 多人。

这是我国历史上最早的医学教育机构，也是世界上有史料记载的、规模较大的官办医学教育机构。同时，隋王朝还命人在全国各地搜集中医药资料，将历朝历代的方剂、验方、单方加以整理，最后编纂成了大型方剂学著作《四海类聚方》，此书共有2600卷。

由巢元方主持编撰的《诸病源候论》，就是在这种社会背景下成书的，此书"荟萃精说，沉研精理，形脉证治，罔不该集"，它的问世，标志着我国中医病因学、证候学理论得以系统建立。唐代医药学家孙思邈撰著的《千金要方》《千金翼方》、名医王焘编著的《外台秘要》，宋代大型方书《太平惠方》，都是以《诸病源候论》为立宗之本，对疾病的病因、症状加以论述和分析的。

说点局外事

《诸病源候论》的问世，巢元方功不可没，他是隋朝著名的医学家，医术高超，精通医理，对疾病的病因和症状颇有研究，有着十分丰富的临床经验。

《诸病源候论》的医学成就及对后世的贡献主要有以下几点：

1.首先，本书针对疾病的病因、证候进行论述，不记载方药。书中以疾病为提纲，每种疾病下面都会分别说明此病的概念、病因、症状表现；其次，书中收罗的疾病种类之多之全在历代都是没有过的；最后，《诸病源候论》中对病因、病理的描述有着较高的医学水平。

2.《诸病源候论》推动了我国中医病因学理论的发展。书中记载"乖戾之气"会导致传染性疾病，并指出提前吃药预防可避免感染；此外，还提到了人体寄生虫病，且详细论述了寄生虫的各种形态以及感染途径。提出：炭疽病是传染所致；漆疮是"禀性畏漆"引起的过敏性疾病；饮用"沙水"是山区瘿病的致病因素，等等，书中记载的一些新观点相较以前有了很大的进步。

3.在病理方面，书中对疾病的病变、发展都有详细的记载和系统的论述，并具体描写了各种疾病的表现症状，这对临床上疾病的鉴别诊断有重要的意义。

4.在证候分类学上，书中根据疾病的症状将其分门别类，使之系统化。比如，书中将妇产科病分为五类，即：杂病、妊娠病、将产病、难产笔耕内、产后病。这样的分类使疾病更加明确，对临床应用有很大的帮助。

中医有着悠久的历史，疾病的病因症候是其辨证处方的重要依据，作为我国第一部系统化、科学化论述疾病发生原因、表现及分类的医学专著，《诸病源候论》内容丰富，对疾病描述详细、明确易懂，是一部不可多得的巨著。同时，本书还是一本重要的医学史籍资料，从书中对疾病病因、症状的认识来看，当时的医疗水平已经达到了一个较高的水平，对疾病的认识也更加全面、透彻。

或许是受传统文化导向的影响，历史上，我国的医学家们更偏重于对疾病产生的机理、治疗方法，药方等进行研究和著述，关于病因症候方面的专著少之又少，而《诸病源候论》的问世恰好弥补了这一空缺，直到今天，《诸病源候论》仍称得上是一部完备的好书。

诗人薛道衡

隋朝时，在文学上有了很大的发展，南北文风的交流和融合是当时最突出的贡献。隋朝的文学大致可分为两个时期：前期以从北朝入隋的三位诗人为代表，分别是：卢思道、杨素、薛道衡。他们的作品以质朴刚健为主调，同时揉合了南朝的细腻柔美；

后期以南朝梁陈入隋的诗人为代表，分别是：虞世基、江总等，还有隋炀帝。他们将北朝阔达明快的气质融入作品里面，以绮靡纤巧为主调。南北诗人这种互相学习，互相影响的做法逐渐形成一种合流，为后世流下了很多颇有特色的佳作。

然而，总体来说，在当时，文学艺术成就最高的要属薛道衡。

薛道衡历任北齐、北周、隋三朝，是当时的文坛领袖。字玄卿，河东汾阴（今山西万荣）人，东魏孝静帝兴和二年（540年），出生于一个官僚贵族家庭，6岁时，父母双亡，成为孤儿。但年少的薛道衡非常好学，13岁时，读《春秋左氏传》，因有感于子产相郑之功，创作出《国侨赞》一篇，此文用词华美，意境婉约，被文人雅士们争相传阅，薛道衡也因此被人们称为奇才。

隋文帝对薛道衡很是信任，隋朝建立后，封他为内史侍郎，加开府仪同三司。因才高八斗，学识渊博，朝中的名臣如高颎、杨素等，对他很是敬重，薛道衡因此名声大震，太子，诸王争相与他结交，并以此为荣。

不幸的是，薛道衡在无意中得罪了杨广，这为他以后的人生悲剧埋下了伏笔。

开皇八年（588年），隋朝打响了灭南陈的战役，隋文帝任命薛道衡为淮南道行台吏部郎，跟随杨广、高颎一起出征，专掌文翰。薛道衡对战事的分析很有见地，深受杨广器重。

隋文帝晚年时，猜忌心很强，薛道衡却在这时被人弹劾在朝中结党，大怒之下的隋文帝将薛道衡贬为襄州总管，转番州刺史。

杨广当时被任命为扬州总管，听说这件事后，就暗中派人前往长安通知薛道衡，让他去岭南时走扬州路，等他到扬州后，就上奏隋文帝，将其留在晋王府中。

虽然这是杨广的一番好心，但薛道衡并不喜欢杨广的为人，因此并没有按照他的安排行事，而是选择从江陵道出发，去了岭南。杨广遭遇碰壁，从此，便对薛道衡怀恨在心。

杨广继位后，因为欣赏薛道衡的文才，将他从地方召回了宫中，封为秘书监，专门负责起草皇帝的文书。70岁高龄的薛道衡以年事已高为由上奏请求退休，被隋炀帝杨广拒绝。

到京之后的薛道衡写了篇《高祖文皇帝颂》呈给隋炀帝看，文中写道："……天性弘慈，圣心恻隐，恩加禽兽，胎卵于是获全，仁沾草木，牛羊所以勿践。至于宪章重典，刑名大辟，申法而屈情，决断于俄顷。故能彝伦攸叙，上下斋肃。左右绝谄谀之路，缙绅无势力之门，小心翼翼，敬事于天地，终日乾乾，诚慎于亢极。陶黎萌于德化，致风俗于太康，公卿庶尹，遐迩岳牧，佥以天平地成，千载之嘉会，登封降禅，百王之盛典。"

此文将隋文帝吹捧了一通，并将所有的感谢都献给了他，对现在大力提拔自己的隋炀帝，薛道衡却只字未提。隋炀帝看过之后，很是不满，对身边的侍臣说："薛道衡极力赞美先朝，他这篇文章的用意和《鱼藻》是相同的。"

《鱼藻》是《诗经·小雅》中的一首诗，据说，这首诗是通过歌颂周武王来暗讽周幽王的贪婪腐败，荒淫无道。隋炀帝对自己的专横独裁，暴虐无德是心中有数的，因此，他刚看到薛道衡的这篇文章，就联想到了"《鱼藻》之义"。从这时开始，隋炀帝就有了杀掉薛道衡的心思。

房彦谦，字孝冲，虽出生于名家士族，但他清正廉洁，深受百姓爱戴，唐朝著名的宰相房玄龄就是他的儿子。房彦谦与薛道衡是多年的好友，政治眼光毒辣，他早已察觉出隋炀帝对薛道衡不怀好意，便私下规劝好友，谢绝宾客，不要随便发表言论，以求自保。薛道衡却置若罔闻，依旧我行我素。

一段时间后，朝廷要颁布一项新的法令，大臣们讨论来讨论去，依旧不能做决定。薛道衡便悄悄地对另一位大臣说："如果高颎还活着的话，这项法令早就实行了。"令他没想到的是，这位大臣将他的话原封不动地告诉了隋炀帝。

隋炀帝闻言大怒，御史大夫裴蕴知道炀帝想除掉薛道衡，便借此机会上奏，说道："道衡负才恃旧，有无君之心。见诏书每下，便腹诽私议，推恶于国妄造祸端。论其罪名，似如隐昧，源其情意，深为悖逆。"欲加之罪，何患无辞。

隋炀帝却十分高兴，他早想铲除薛道衡，却苦于没有机会，现在看到裴蕴的奏折，不禁称赞道："公论其逆，妙体本心。"于是命人将薛道衡抓捕，收押进监。

这时候的薛道衡仍旧不以为然，心想着：隋炀帝欣赏自己的文章，不会这么轻易就杀掉自己的，并认为不多久就会出狱，所以他还特意命家人备下佳肴，等他出来招待宾客。不曾想，他等到的却是隋炀帝命他自尽的圣旨。

薛道衡没想到炀帝真的会杀他，迟迟不肯自尽，隋炀帝听说后，命人将这个70岁老翁给活活勒死了。

历朝历代，恃才傲物的人并不鲜见，薛道衡不是第一个，但也不是最后一个，对于他的死，有人说："道衡遗恨何年绝，仍见空梁落燕泥。岂是骚人有讥刺，隋炀自是嫉佳诗。"实际上，薛道衡的死和隋炀帝暴虐无道的本质有很大的关系，薛道衡在他面前公然称赞先帝，还不肯依附于他，这让隋炀帝对他怀恨在心，最后找借口将其处死。

一个忠臣，因为敢于说出自己的心里话却被帝王处死，真是可悲可叹。

局势分析

隋朝时，由于文化政策相对比较开明，这一时期的科学技术、天文历算取得了很大的进步，文学艺术百花齐放，诗、词、散文、小说、音乐等进步突出，有些作品对后世影响深远，在世界文坛上都有很高的地位。

《隋书》记载，隋文帝生长于寺院，对佛法颇有研究，却不好文，不喜欢读诗书，甚至将国内专门培育人才的学校都废除了。开皇四年（584），由于不喜欢南朝以来形成的华靡文风，隋文帝"普诏天下公私文翰，并宜实录"，严禁"文表华艳"。

治书侍御史李谔对隋文帝的做法非常支持，特意上奏批判魏晋以至齐梁时只过于注重辞藻，华而不实的文风，并主张写作文章应崇尚实用，有关政教（《隋书·李谔传》）。学者王通对此深表赞同。

不过，他们的理论并未触及问题的本质，再加上积重难返，因此，隋文帝的一纸诏令，并没有产生想要的效果。

隋炀帝正好和隋文帝相反，他酷爱文学艺术，曾命大臣们将宫中秘阁（中国宫廷藏书之处）内的书籍，抄录副本，分成三等，分别藏于洛阳观文殿的东西厢书库中，后来又在殿后修建两座楼阁，用来收藏魏以来的书法名画。

隋炀帝常常以文学领袖自居，平日里，他总是和一些文人聚集在一起，宴饮赋诗，以此为娱，并将诗歌创作转向了咏物及宫廷琐事方面，推进了宫廷诗的发展。

隋炀帝自己创作的诗歌中，也有几首清丽明快之作，比如：《春江花月夜》，"暮江平不动，春花满正开。流波将月去，潮水带星来。"诗题虽然出自宫体，情调却类似于南朝民歌，唐代诗人张若虚的《春江花月夜》就是受到本篇启示而作的。

说点局外事

薛道衡擅长写文，且用心很专，据史书记载"道衡每至构文，必隐坐空斋，踢壁而卧，闻户外有人便怒，其沉思如此。"一有文章写出，人们"无不吟诵焉"。隋文帝对薛道衡很是赞赏，每次提到他，总会说："薛道衡作文书称我意。"

同时，薛道衡还非常善于谋事，他是一个很有政治远见的人，在军事方面也颇有谋略。北齐末年，薛道衡就曾向当时的执政者建议，加强对边境的防守，以防北周的侵犯。遗憾的是，这一极具政治远见的意见并未被采纳，以至于北齐最后被北周所灭。

开皇八年（588）三月，隋文帝下令征讨陈朝，总指挥高颎找到薛道衡分析战争形势。薛道衡纵观天下大势，并根据隋军、陈军的情况做出仔细分析，最后明确指出隋必胜、陈必亡，高颎心中的疑虑彻底被打消，说道："君言成败，事理分明，吾今豁然矣。本以才学相期，不意筹略乃尔。"

然而，尺有所短，寸有所长，薛道衡自然也不例外。他的短处，用隋文帝的话说，就是"迂诞"，也就是为人过于迂腐，不懂得根据实际情况灵活处事。隋文帝曾多次劝诫他"诫之以迂诞",薛道衡却总是改不了,更准确地说是不想改,最后也因此得祸。

说到薛道衡的"迂",《隋唐嘉话》中记载的一件事便能反映出他的性格特点。隋炀帝喜欢诗词歌赋,自觉才华横溢,他对身边的大臣们说:"人们都觉得我是因为父祖的原因才登上帝位,其实,若让我与众位士大夫一起比试才学,我照样是天子。"

在这种思想的长期影响下,隋炀帝渐渐变得唯我独尊,嫉贤妒能,他容不得其他文人在诗文上超过自己。在一次朝廷聚会上,有人提议以"泥"字押韵作诗,众大臣深知隋炀帝好大喜功的本性,故意假装做不出,隋炀帝洋洋自得地作了一首,受到了百官们的一致赞赏。

迂诞的薛道衡也跟着作了一首,且所作比隋炀帝更为出色,尤其以其中两句"暗牖悬蛛网,空梁落燕泥。"最佳,质朴自然,形象逼真,众人齐呼妙哉。妒忌心强的隋炀帝却因为这事对薛道衡更为怨恨。

据说,处死薛道衡之前,隋炀帝曾对他说:"看你还能作出'空梁落燕泥'这样的诗句吗?"后人根据此类记载,将薛道衡之死归于诗祸,虽然和史实有所出入,但从中我们也不难看出薛道衡正直,不善矫饰的性格,他不愿扭曲自己的本性去投其所好,不过,从另一方面讲,这也是一种"迂诞"的表现。

隋炀帝最后给他定了一个"悖逆"的罪名,这显然是一个"欲加之罪"。薛道衡只是一介书生,手下又没一兵一卒,他如何去起兵造反呢?何况,这时的他已经是一个古稀之年的老翁。他只是不愿意去讨好人,不愿意去卖身投靠,如果他能处事圆滑,多点阿谀奉承,没事琢磨下人心,可能就不会遭此大祸了。

薛道衡的悲惨结局,与其说是他个人的悲剧,倒不如说是旧时代忠直耿介之士的共同悲剧。

第四章　群雄并起

隋炀帝暴虐的统治终于引起人民的反抗，各地掀起了大规模的起义浪潮。炀帝想通过暴力和"抚慰"的伎俩来镇压起义军，可惜的是，农民起义的烈火早已越烧越旺，盛极一时的隋王朝彻底崩溃。

繁重的劳役征发

隋炀帝营建东都、开凿运河，虽然有一定的积极意义，但是他滥用了民力，给百姓的生活带来了沉重的负担，而且有一部分劳役是为满足其个人享乐而征发的，这使百姓们对他更加不满。长期无休止的劳役和赋税，压的百姓们喘不过气来，终于，人们开始奋起反抗。

隋炀帝登基后，几乎年年都有重役。仁寿四年（604年）十一月，他征发民丁数十万，在今山西、河南境内沿黄河两岸挖了两道长堑。

大业元年（605年）三月，每个月征发200万民丁修建东都。同时，在河南、淮北征发百万男丁开凿通济渠，为了挖邗沟，又在淮南征发民丁10万。在酷吏的严刑拷打和催促下，这两项工程不到半年便完成了。

因为苦役，营建东都的200万民丁死伤大半，其他劳役的死亡率大概也差不多。从中不难看出，这一年征发民丁的比例和死亡率都非常高。此外，该年还有几十万所谓的杨谅"叛党"被诛戮和流配。

同年，隋炀帝命人从江南采伐木材，运到洛阳，建筑东都和其他各地宫殿。为了游江都，命人在江南建造龙舟，以及数万条各色大小船只。

下江都时，隋炀帝征发挽船士数万人。据粗略统治，从仁寿四年十月到大业元年十月，这一年的时间里，隋朝征发的丁男最少有400万。

大业二年，征发的户数有8907536户，平均起来，每两户征发一丁，而且这次征发的民丁主要是河南至淮南的，整个隋朝时期，这一地区被征发的民丁比例都很高。

这之后便是大规模地修筑长城，开凿永济渠。实际上，早在隋文帝时期，开皇六年和七年，隋朝就曾两次派兵修建长城，第一次征发民丁11万（有说法是15万），第二次征发民丁10万余，都是按制度"二旬而罢"。

大业三年，隋炀帝到榆林出巡，七月，又从各地征发丁男百余万修筑长城，这次虽然仍是按制度"二旬而罢"，但一半以上的民丁被累死。

同年，隋炀帝又命人在太行山处开凿了一条通往并州的驰道，这次从河北10余郡征发丁男，史书中没有记载具体的征发数字，但其征发范围高达十余郡，人数肯定不会少到哪去。

次年正月，为了开凿永济渠，隋炀帝又从河北诸郡征调百余万民丁，男丁不足，就把妇女抓来服役。七月，隋炀帝北巡五原（今内蒙古五原南），又征发了20多万民丁来修建长城。

大业三年五月到大业四年七月，在这一年多的时间内，隋朝征发男丁和妇女加起来大约是300多万人。征发地区包括：内蒙古、山西、河北，当时，这些地区的户数大约是350万左右，可见，其征发的比例十分高。

隋炀帝非常喜欢巡游，隋朝的大半个江山，他几乎游览了一大半，并在各处建有宫殿。每次出巡，隋炀帝身边常常会一大批随从人员同行，数量多达10万。沿路供需全部由当地承包，但归根究底，这些费用最终是由老百姓承担的。

隋炀帝穷奢极欲的生活，再加上繁重的劳役征发，早已超出了百姓所以能承担的限度，大业六年（610年），国内有人发起农民起义。次年，隋炀帝率兵征讨高丽，再次从国内大规模地征发兵役。这次，彻底引起民怒，隋末农民起义爆发。

隋炀帝三征高句丽，给百姓带来了沉重的苦难。大业八年（612年），炀帝第一次远征高句丽时，聚集在涿郡的兵士和民夫大约有350万，如果再加上建造战船，运粮等民丁，数字要远比这大得多。此后的两次东征，也是在全国各地征发民丁，人数肯定不会少。除劳役外，还有繁重的军需征发。

如此扰动全国，剥削百姓，破坏民生，致使强盛的隋王朝逐渐走向衰弱。

局势分析

隋炀帝是我国历史上著名的残暴而又奢侈的帝王，他为了营建东都，特意从江南运来奇材异石，一次，为了从江西运回一根大木柱，他派两千民夫用绳子拉，数百万的民夫因不堪重负，被活活累死。

东都建成不久，他又下令开凿大运河。大运河的修建是无数劳动人民用血汗换来的。这项巨大的工程耗费了1.5亿个民丁，当时，隋朝国内只有890万户，平均算下来，每户要出20个民丁。

运河挖成后，隋炀帝派人前去验收，验收的人手拿一个一丈二尺长的铁脚木鹅，放在河面，让其顺流而下，如果木鹅在中途停住，就说明水浅。有次，在运河的一段中，木鹅停顿了100多次，隋炀帝下令将挖掘这段运河的官吏和民夫用绳子捆起来，活埋在水浅处的岸边，据记载，这次被活埋的有5万人。

说点局外事

繁重的劳役征发是爆发农民起义最根本的原因，因不堪忍受隋炀帝残暴的统治，农民起义的烽火开始在各地燃起。在短短的几年里，山西、河北、山东、江浙、岭南、河西走廊等地纷纷被农民军占据。

这些起义军队伍有大有小，他们没有统一的口号，彼此间的力量也相差悬殊，而且缺乏沟通、联合。这些不足给了隋王朝苟延残喘的机会，但此时的隋朝内部正在发生着巨大的变化，正如人们所说：堡垒往往从内部被攻破的。

隋朝这个堡垒正是由其统治内部的几个"炸弹"摧毁的，他们分别是：杨玄感、李密、李渊和宇文兄弟。他们举起了反隋的旗帜，并最终导致了隋朝的灭亡。当然，这都是后话了。

长白山起义

隋炀帝成为皇帝后，常年的劳役征发致使民不聊生。永济渠沿岸的村落，几乎找不到几个力壮的男丁。劳力缺乏，田园荒芜，再加上洪灾的侵扰，粮价涨了几百倍，百姓们只好靠树皮野菜充饥，隋炀帝却不知悔改，依旧过着奢靡荒淫的生活。连年的兵役、徭役和饥饿使百姓们再也无力承受，纷纷揭竿而起。

大业七年（611年），邹平人王薄因兵役繁重，率先在长白山（今山东章丘、邹平境内）发动起义。长白山位于邹平、长山、淄川等县的交界处，有第二泰山之称，这里山势险峻，长久以来，一直是农民起义军藏匿的场所，早在北魏时期，就"多有盗贼"。

王薄，隋齐郡邹平（今山东邹平西北）人，传说王薄是个铁匠，擅长打造枪头。发动农民起义后，他称自己为"知世郎"，并以先知先觉自居，以此来树立自己在农民军中的威望。

他还作了一首《无向辽东浪死歌》，"长白山前知世郎，纯著红罗锦背裆。长稍侵天半，轮刀耀日光。上山吃獐鹿，下山吃牛羊。忽闻官军至，提刀向前荡。譬如辽东死，斩头何所伤！"以此来号召人们反抗隋炀帝。

王薄树起反隋的义旗后，山东各地纷纷响应。不久，刘霸道便征集民兵10万，在豆子坑（今山东惠民地区）起兵，自称"阿舅军"。

孙安祖，漳南（今山东武城漳南镇）人，山东发生洪灾时，他的房子被冲走,妻子孩子被饿死,后漳南县令招他入伍,被他拒绝,县令大怒,命人打他,最后却被愤怒的孙安祖杀死。

孙安祖逃到同乡窦建德处,在同乡窦建德的帮助下,他来到了高鸡泊(在今平原境内),并在这里发动起义。窦建德暗助起义军一事被官府知道,全家被杀,他只好带领部下加入了高士达的起义军,不久,起义军队伍便壮大到万余人,他们开始向河北一带扩充力量。

大业九年(613年),山东一带的农民起义愈演愈烈。正月,平原杜彦冰、王润等率兵发动起义,并占领了平原郡。二月,济北(今山东茌平)人韩进率万余人发动起义;三月,济阴(今山东曹县)人孟海公也率领数万人发动了起义。

郭方预,自称卢公,北海(今山东省益都县北)人,他率领的起义军队伍有3万人。齐郡(今济南)孟让、平原郝孝德等也拥有着几万人的起义军队伍。五月至十月期间,济北甄宝车、济阴吴海流也相继发动起义。

大业十年(公元614年)以后,山东的农民起义军队伍越来越大,宋世谟率军占领了琅琊郡。孟让率领10万起义军,以长白山为根据地,向南扩充。此外,一些势力较小的农民起义军队伍也如雨后春笋般,遍布山东各地。隋朝在山东设置的地方官府也被起义军烧了个精光。

据记载,隋朝末期,全国各地共爆发的农民起义有126次,只山东地区就有31起。其中以王薄起义,窦建德与刘黑闼领导的起义,张金称、刘霸道等领导的起义影响较大。

王薄率领的农民军,曾多次打败隋朝官军。大业九年(613年),王薄率兵攻打鲁郡(今山东兖州),刚开始的时候,起义军过关斩将,取得了一些胜利,但不久,便因为轻敌被隋将张须陀率兵突袭,起义军死伤数千人。

王薄重新整顿队伍,率军北渡黄河,抵达临邑(今山东临邑)。张须陀率兵追击,两军遭遇,起义军大败,伤亡惨重。不久,王薄又与宣雅、郝孝德等率领的起义军联合攻打章丘(今山东章丘),张须陀率兵2万迎击,起义军再遭重创。从这之后,王薄起义军主要活动于山东北部沿海一带，和其他起义军相互合作，共同反抗隋朝。

王薄起义拉开了隋末农民起义的序幕，其声势浩大，很快便得到了黄河下游一带农民的响应，他们攻占郡县，杀贪官，沉重打击了隋王朝的统治。

局势分析

隋朝末年，山东、河北一带士族门阀势力强大，他们占有大量的土地，有些百姓只好依附豪强地主生活，受他们的剥削。

大业七年（公元611年），山东、河南等地遭遇水灾，30多个郡被淹没。次年，山东又发生了旱灾，恰巧，这时又流行起了瘟疫，百姓们的生活很是痛苦。更严重的是，隋炀帝远征高句丽，多次从山东征兵，并把山东作为远征高句丽的物力供应基地。

繁重的劳役征发再加上豪强地主的压榨，山东百姓无路寻生，多次发出反抗的呼声。

《资治通鉴》中曾清楚的记载了这一时期的状况，"自去岁谋讨高句丽，诏山东置府，令养马以供军役。又发民夫运米，积于泸河、怀远二镇，车牛往者皆不返，士卒死亡过半，耕稼失时，田畴多荒。加之饥馑，谷价踊贵，东北边尤甚，斗米值数百钱。所运米或粗恶，令民籴而偿之。又发鹿车夫六十余万，二人共推米三石，道途险远，不足充馈粮，至镇，无可输，皆惧罪亡命。重以官吏贪残，因缘侵渔，百姓困穷，财力俱竭，安居则不胜冻馁，死期交急，剽掠则犹得诞生，于是始相聚为群盗。"

王薄起义就是在这种背景下爆发的，它点燃了反抗隋王朝的烈火，引发了全国各地的农民起义。

说点局外事

除王薄率领起义军外，山东地区的农民起义军还有很多，比如：以张金称、刘霸道为首的起义军，以北海郭方预、綦公顺、杨原为首的起义军，山东西部徐圆朗、孟海公、卢明月等领导的起义军等。

张金称，贝州邱县（今山东夏津）人，大业七年（公元611年），聚众宣布起义，一段时间后，其队伍已发展到几万人。张金曾率兵攻打邱县与清河之曲（约在今河北清河境内），后被隋军打败。

不久，他又与郝孝德、孙宝雅、高士达等起义军联合，向河北郡县和河南黎阳等县发起进攻。大业十二年（616年），张金称起义军占领平恩（今河北邱县西）、武安（今河北武安）、巨鹿（今河北巨鹿）、清河等县。隋炀帝派太仆卿杨义臣镇压，两军交战，起义军大败，张金称被清河郡丞杨善会杀害。

此外，与张金称一同起义的还有刘霸道、郝孝德、格谦、孙宝雅等。刘霸道，平原郡（治今山东陵县）人，于大业七年宣布起义，以豆子坑（今山东惠民）为根据地，其队伍迅速壮大，很快便发展到了10万多人。

郝孝德也是平原人，他在大业九年宣布起义，曾与王薄、孙宝雅等义军联合，进攻章丘，但不久便被张须陀击败，后他率众投奔了瓦岗军。

大业末年，綦公顺在北海郡发动起义，曾率兵3万进攻郡城，但并没有成功，后与刘兰成合作，占领郡城，綦公顺的势力也随之增大。李密成为瓦岗军首领后，綦公顺率军归附，瓦岗军失败后，他跟随李密一起投降了唐朝。

与綦公顺一同在大业末年起兵的还有一个杨厚，他曾率兵攻打北海县（今山东潍坊），虽没有成功，但沉重打击了隋军，后被隋军击败。

山东地区的农民起义有力地打击了隋王朝的统治，在推翻隋王朝的过程中起了决定性作用，在整个隋末农民战争史中有着非常重要的地位。

张须陀

隋炀帝连年大兴土木，对外用兵，致使民怨沸腾，大业七年（611

年），邹平民王薄率先揭竿而起，拉开了轰轰烈烈的反隋大幕。

王薄起义军声势壮大，短短几年时间，便已发展到数万人之多。隋炀帝多次派兵围剿，却常常是败兴而归，直到张须陀赶来。

张须陀是隋朝著名的大将，弘农阌乡（今河南省灵宝市）人，"性刚烈，有勇略"。开皇十七年（597年）二月，因平定羌族首领爨翫叛乱有功，被授仪同，赐物三百段。

隋炀帝登基后，汉王杨谅在晋阳（今太原市西南）起兵造反，张须陀跟随杨素前去平叛，后因功被晋封为开府。

大业六年（610年），张须陀被封为齐郡（治历城，今山东济南）丞。当时，因隋炀帝率兵征讨高丽，从国内大量征兵，致使土地荒芜，无人耕种，全国闹起了饥荒，饿殍遍野。张须陀认为"今帝在远，遣使往来，必淹岁序。百姓有倒悬之急，如待报至，当委沟壑矣。吾若以此获罪，死无所恨。"于是便开仓放粮，赈济灾民。隋炀帝知道后，并没有怪罪张须陀，反而奖赏了他。

王薄起义爆发后，隋炀帝派张须陀前去征讨。张须陀勇决善战，深受将士爱戴。他手下有一名骁勇善战的大将，名叫罗士信，14岁。每次与敌军作战，张须陀冲锋在前，罗士信必紧随其后。

此外，罗士信还有一个特殊的习惯。在战场上，他每杀一个敌人，都会将对方的鼻子割下来，放入衣兜中，等战争结束后，用此来计算杀人之数，有这样的主将，张须陀部队的战斗力可想而知。因此，两人与王薄起义军一交手，对方便被打得落荒而逃。

王薄率兵逃到临邑（今济南市北），张须陀率兵追击，并将其击败。紧接着，张须陀又率兵2万，击败了孙宣雅、石秪阇、郝孝德等人的十万起义军；同年，张须陀又先后率兵击败了由裴长才、郭方预分别率领的起义军。

十二月，河北最大的一支农民起义军也被张须陀击败，得知消息的隋炀帝喜出望外，褒奖了张须陀，还特意命人将张须陀、罗士信作战的场面绘成图画，好让他能"亲眼目睹"。

后来，张须陀又平定了吕明星、帅仁泰、霍汉等农民起义军，可以说，在隋末农民大起义初期阶段，北方的起义军几乎都是被张须陀平定的。然而，尽管张须陀所向披靡、战无不胜，但农民起义散而复聚，越杀越多。隋王朝腐朽的政权已经走到了尽头，纵然张须陀有万般才能，也无法阻挡历史前进的脚步。

大业十二年（616年），瓦岗军在翟让的领导下势力逐渐壮大，成为河南地区最强的一支农民起义军。后李密投靠瓦岗军，并建议翟让进攻荥阳，夺取粮仓。隋炀帝封张须陀为荥阳通守，负责镇压瓦岗军。

十月，张须陀率兵向瓦岗军发起进攻，翟让早闻张须陀的威名，现听到要与张须陀交战，便产生了撤退心理。李密知道后，便对翟让说："须陀勇而无谋，兵又骤胜，既骄且狠，可一战而擒。公但列阵以待，保为公破之。"

十一月，张须陀率领的隋军与瓦岗军在荥阳大海寺遭遇，李密按照计划率兵埋伏在树林里，翟让前去诱敌。张须陀对翟让并没有好感，认为他只是一介武夫，因此并没有多做考虑，见翟让败退，就率兵前去追杀。

不曾想，追到树林处时，李密率兵突然出现，张须陀军被包围。张须陀拼命厮杀终于闯出了重围，但他看到众多部下还在里面，又返回去相救，张须陀在重围中来来回回很多次，他的部下被救了不少，但他自己却战死了。

史书记载，张须陀死后，"所部兵昼夜号哭，数日不止"。张须陀为了救部下而牺牲自己，这种事情在我国历史上是不多见的。对大隋帝国来说，张须陀的离去是一大损失，他的死，使河南郡县为之丧气。不过，时势造英雄，即使张须陀活着，他也无法挽救一个彻底腐败的王朝，这可能是张须陀一生中最大悲剧。

局势分析

王薄起义军自成立以来，打的胜仗并不多。这和其兵器不精良，兵员素质不高有很大的关系。尽管如此，王薄起义却从根本上动摇了隋王朝的统治，它为起义军反隋打响了第一枪，有了这一枪，全国各地的农民起义开始揭竿而起。

王薄起义为百姓追求生存自由，创造了一个战争的范例，其推动了历史的进步和发展。而当时的隋王朝早已是日薄西山了，其内部人心涣散，有的甚至选择倒戈。张须陀是支撑隋朝的柱石之臣，却因轻敌战死，从这之后，隋朝再无良将矣。

说点局外事

张须陀是隋朝著名的武将，曾先后跟随史万岁、杨素出征，战功赫赫。张须陀的发迹，是在他生命的最后三年里，他终于迎来了自己人生中对辉煌的时刻，可谓大器晚成。

大业九年，年已四十九岁的张须陀，因平定农民起义受到重用。当时，农民起义在山东大规模爆发，王薄、孟让、郭方预、张金称、郝孝德、格谦、孙宣雅等分别率领的农民军，其队伍多者十余万，少者也有数万人，张须陀当时任齐郡郡丞，奉命平定农民起义军。

在与起义军的作战中，张须陀部骁勇善战，几乎百战百胜，只大业九年，他就先后将王薄、郭方预、郝孝德、孙宣雅等农民军消灭，堪称契机。

大业十年，张须陀又先后摧毁左孝友、卢明月两支起义军，被隋炀帝晋升为齐郡通守，领河南十二郡讨捕大使。著名的大将秦叔宝就是在这时投靠张须陀的，秦叔宝从一个无名小卒成长为著名将领，都是在张须陀的带领下完成的，可以说，是张须陀将秦叔宝带上历史舞台的。从这之后，秦叔宝便开始跟着张须陀来往各地，镇压农民起义军。

令人意外的是，秦叔宝等张须陀旧部有一部分都投靠了唐朝。张须陀死后，隋炀帝命裴仁基来接管其旧部，并继续对抗瓦岗军。后裴仁基因战况不利投降了李密，秦叔宝也随裴仁基一起成为了李密部下，至于，秦叔宝对李密杀张须陀一事怎么看，他是否会因此怨恨李密，我们就不得而知了，但他最后归顺了杀旧主的凶手，这实在有点讽刺。

也许在乱世中，战死沙场才是武将应有的归宿（职业风险），张须陀与李密为敌主要是政治敌对，并不涉及其他个人因素；秦叔宝为隋效力，并不是因为他效忠于隋炀帝，而是他恰巧投身了隋军，且遇到了赏识他的张须陀。

归根究底，在我国封建社会，武将只是一种政治工具，统治者需要武将来南征北战，武将也需要朝廷来获得荣华富贵。

瓦岗军威震中原

由于隋炀帝的暴虐，滥用民力，不少家庭因此妻离子散，常言说"官逼民反"，由于无法忍受隋炀帝的凶狠残酷，百姓们开始反抗。大业七年（611年），当隋炀帝还在为准备攻打高句丽而四处征发民丁时，农民战争的烈火已经在山东邹平县点燃。

617年的时候，隋朝的大部分地区已经陷入农民战争的风暴中，山东、河南、甘肃、陕西、余杭一带的农民起义军相继举起义旗，反抗隋朝。隋炀帝多次派兵出去镇压，只是，农民起义发展趋势迅猛，已经形成燎原之势，一波未平，一波又起，根本镇压不过来。这其中，影响力最大的要数河南的瓦岗军了。

翟让，瓦岗军的起义领袖，武功高强，韦城（今滑县东南妹村）人，先前曾在衙门担任法曹一职，后来因为打抱不平，将扣押的罪犯放走了，因此获罪，被判死刑。法主黄君汉见他气质不凡，便将他救出，并劝他去做一番大事业。翟让跑回家，深思熟虑后，与兄长翟弘、侄子摩侯、朋友王儒信一起逃到了瓦岗（今滑县东南），准备聚众起义。

大业十二年（616年），翟让率领众人在东郡（今河南滑县东）发动农民起义，因为他们是以瓦岗寨为根据地的，所以被称为瓦岗军。

翟让发动起义后，山东、河南两地的农民纷纷响应，单雄信、徐世绩、李密、王伯当等人也赶来投奔翟让，一时间，瓦岗军的势力迅速扩大。

李密向翟让建议："先取荥阳，休兵馆谷，待士马肥充，然后与人争利。"荥阳是隋朝重要的军事战略要地，东边是平原，西面是虎牢关，虎牢关往西便是隋朝的大粮仓——洛口仓，洛口仓有大量的存粮，且地理位置离东都洛阳很近，因此，攻下荥阳是当前瓦岗军发展势力的重要一步。翟让十分赞同李密的想法，于是，他亲自率兵攻打荥阳，不久，荥阳门户金堤关及其周围的各县被攻克。

10月，隋炀帝派"头号名将""威震东夏"的张须陀率领2万精兵前去镇压瓦岗军。与众人商议后，翟让决定先诱敌深入，然后伏兵袭击，经过一番殊死搏斗后，瓦岗军胜，隋军大败。隋朝大将张须陀突围不成，反而丢了性命。瓦岗军取得了荥阳大捷，名声大震。

大业十三年（公元617年），李密率兵七千，进攻洛口仓，占领仓城。翟让下令开仓济贫，此举得到了广大百姓的拥护，青壮年纷纷前来归附义军。伴随着队伍的壮大，在与隋军的对战中，瓦岗军接连取胜，离东都洛阳也越来越近，没过多久，便在洛口仓城建立了政权。

李密暗中周旋，想让众人推他为主。翟让也觉得自己的才智不及李密，便主动把位置让给了他。李密成为瓦岗军首领，称作魏公，二月，设祭坛，祭天登位，年号"永平"，封翟让为上柱国、东郡公。

紧接着，瓦岗军开始向巩县（今巩义市境）发动进攻，攻取了回洛仓（在隋唐洛阳城北七里），步步紧逼洛阳城。

然而，当瓦岗军接连取得胜利之时，其内部斗争也越来越白热化，以翟让为首的农民军将领和以李密为首的地主势力之间的矛盾越来越激烈。李密出身贵族家庭，早先和杨玄感策划兵变，失败后，便隐姓埋名，混迹于河北、河南一带。公元616年，投奔于瓦岗军，并暗中夺取了部分领导权，翟让成了副手。李密又开始招降纳叛，扩大自己的势力，他的阴谋也渐渐引发了起义军内部的斗争。

公元617年十一月，李密以宴饮为名，借机杀掉了翟让以及军中的一些重要将领，致使将卒离心，瓦岗军的军事实力遭到重创。后来，瓦岗军与王世充率领的隋军交战，大败，众多将领被隋军所擒，李密率残兵西逃长安，投奔了李渊，瓦岗起义宣告失败，当然，这都是后话了。

瓦岗军起义，推翻了隋朝统治，严厉打击了士族地主的利益，对后期唐朝的政治，经济产生了巨大的影响。

局势分析

隋朝末年，军阀割据，徭役无期，贵族阶级欺上瞒下，征敛无度，民穷财尽，人们的生活痛苦不堪。黄河以北，渺无人烟，江淮地区，土地长期荒废，无人耕种，遍地蒿莱，再加上连年饥荒，谷价上涨，百姓们饥寒交迫，死伤者无数。

为了推翻隋朝的统治，争取生存的权利，各地农民起义揭竿而起，据记载，当时的起义军大大小小加起来大约有一百多支，参加的人数高达百万。后来，农民起义军逐渐形成三大主力，瓦岗军是其中势力最大的一支。

李密认为："隋炀帝昏庸，几次征战，损失了大批精锐部队，和突厥也断绝了友好关系。当下，国内农民起义四起，他却撇下东都洛阳，跑去巡视扬州、越州。此时洛阳空虚，正是夺取天下的好时机。"瓦岗军领袖翟让也有此想法，两人一拍即合，打响了灭亡隋朝的战争。

说点局外事

李密字玄邃，又号法主，今陕西西安人。出身于官僚贵族家庭，曾祖父李弼是西魏的大将军，祖父李曜是北周的邢国公。隋朝时，父亲李宽被封蒲山郡公，李密承袭父亲爵位，所以大家也常常叫他蒲山公。

史书记载：李密长得并不魁梧，且皮肤黝黑，看东西时，眼神总是异于常人。早先，他曾做过隋炀帝的宿卫。炀帝看见他后，便对身边的宇文述说："左边的那个黑脸小子，眼神异常，不要让他做宿卫了。"

宇文述碍于李密的家世背景，不方便直接劝退，便巧妙地对李密说道："贤弟天资聪颖，宫廷警卫这样的琐碎差事只会埋没你的才能，何不通过才学来谋个一官半职呢？"李密觉得宇文述说的在理，便借病辞去了宿卫的职务，开始在家专心读书。

李密和杨素的儿子杨玄感从小一起长大，感情很好，平日里两人相处起来也常常不拘小节，有时候，杨玄感甚至会用言语戏弄李密，李密只是淡然说道："人言当指实，宁可面谀！若决机两阵之间，喑呜叱嗟，使敌人震慑，密不如公；驱策天下贤俊，各申其用，公不如密；岂可以阶级稍崇而轻天下士大夫邪！"

意思是说："做人应该说实话，怎么能当面恭维人呢？在两军交战前，大怒喝喊，用气势吓倒敌人，我不如你；招揽天下贤士，使其各得其用，你不如我，岂能因为你地位较高就轻视天下的士大夫呢！"

杨玄感听了笑而心服，从中我们也不难能看出李密志气不小。人之心志由眸子中可见，难怪炀帝见而生戒心。

李密入伙后，初因贵胄身份关系，且是杨玄感之党，颇受排挤。后来经他灌输刘项起义推翻暴秦的道理，大家才有夺天下之心，而且也接受了他。

那时民间早有"李氏当为天子"的传说，隋炀帝因此讨厌姓李的，洛阳又有"桃李子（逃亡姓李的）……勿浪语（守密之意）"的民谣，李密认为说的应该是自己，更有自负之心。

李密有了自己的部队，与士卒同甘苦，共分赏，所以纪律严明，战斗力强，在荥阳一带大获战果。后来占巩县的兴洛仓，开仓济民，远近来归，不绝于道。翟让于是不得不自退，而让李密为瓦岗革命队伍的首领，后又拥立李密为魏公，自退居司徒，以单雄信、徐世勣为左右大将军。翟让退居第二位，在瓦岗草莽兄弟间引起不满。翟让之兄，甚至常常抱怨，吵闹着散伙回瓦岗老巢。

李密没有汉高祖刘邦的大度，更没有汉光武刘秀的深沉坚韧。他最后败在不自量力，明于为人策划，而昧于设身处地，咎由自取，败不足惜。

三下江都

隋炀帝喜爱游玩，三次下江都的事情更是家喻户晓，妇孺皆知。

隋炀帝第一次游江都是在大业元年（605 年），当时，通济渠刚刚建成，投入使用，隋炀帝就兴高采烈的乘龙舟下江都了。此次，隋炀帝出行的场面非常壮大，王公贵族，文武百官，僧、尼、道士、嫔妃等加起来共有 20 多万人，船只上万。

隋炀帝所乘的龙舟非常豪华，长 200 尺，高、宽各是 45 尺。龙舟共有四层，最上面的是正殿，炀帝常常在这里批阅奏折，处理国家大事；中间两层共有 160 间房，里面雕梁画栋，十分华丽；最下面是内侍和水手们住的房间。

萧皇后所乘的船叫"翔螭舟"，规模比隋炀帝所乘龙舟要小。在炀帝和皇后的大船后面，还有数千艘随行船，其中，光拉船的纤夫就有 18 万人。

这些船只各有名号，等级分明。隋炀帝还特意作了一首诗《泛龙舟》："舳舻千里泛归舟，言旋旧镇下扬州。借问扬州在何处？淮南江北海西头。"

除此之外，还有 1080 名"殿脚女"为龙舟拉船，《大业拾遗记》中就曾记载，隋炀帝选了千名美女，命她们穿上白色的衣服，在龙舟前面拉纤，炀帝站在船上观赏。殿脚女"三班倒"，每班 360 人，昼夜不停，以使龙舟快速前进。

在江都居住了 4 个月后，隋炀帝就准备返航回洛阳了。这一次，大家又开始忙着准备回去时的车马仪仗。为了讨好隋炀帝，一个叫何稠的人上奏：说是可以在炀帝的衣服上绘上日月星辰，然后用羽毛来装饰仪仗。爱好奢华的隋炀帝一听这个主意，非常高兴，立刻令百官在各地收集羽毛。

为了满足隋炀帝的羽毛需求，百姓们开始在水上、地上布下天罗地网，抓捕禽兽。不管是美的、丑的、大的、小的，只要是长羽毛的动物，全部被一网打尽。只是，就算这样，还是不能满足隋炀帝的要求，迫于官僚的压迫，百姓们只好自掏腰包去购买羽毛，当时一只野鸡尾巴的价钱相当于10匹绢，高昂的价格给百姓们带了来沉重的灾难。

大业六年（610年），隋炀帝开始了第二次江都之旅，其实，很早以前，隋炀帝就开始为这次巡行做准备了。大业五年，隋朝国力强大，经济、贸易空前强盛，隋炀帝就命人在江都建造了江都宫。

江都宫富丽堂皇，规模宏伟，里面的装饰非常华丽，各种样式的宫殿多达数十处。除了江都宫外，还有两个小行宫，分别是湾头行宫和扬子津行宫。湾头行宫位于运河之畔的城东湾头，建好后，因隋炀帝嫌风水不好，后被改成寺庙；扬子津行宫位于城南扬子津处，又叫临江宫，登上行宫可以眺望长江。至于盛传后世的"迷楼"，就像它的名字一样，至今仍是个未解之谜，此楼是不是真的存在，史学家们也不敢肯定。

此次下江都，隋炀帝把注意力都集中在了对南方蛮夷等少数民族的抚慰上。

大业六年（610年）六月，为了加强对江南一带的统治，隋炀帝下令"制江都太守秩同京尹"，将江都的行政地位又升高了一级，从此，江都有了陪都的地位，成为了南方的政治中心。

这一次，隋炀帝在江都生活了一年，但他并没有把精力全部放在山水之间。隋炀帝威服四夷，被突厥人尊为"圣人可汗"，东南各国也纷纷前来朝贡，在江都宫，隋炀帝接见了远道而来的使者。

然而，高句丽使者这次依旧没有来，这让隋炀帝很是恼火。不久，他就开始着手进行军事部署和兵力调动，准备讨伐高句丽。总之，隋炀帝这次下江都，大部分时间是在为东征高句丽做准备工作，包括他后来派使臣出使日本，也是为了对付高句丽。

隋炀帝最后一次下江都时，国内的局势已经岌岌可危了，农民起义横扫了大半个中国，硝烟遍地。

一天夜里，大业殿突然着火了，听到这个消息后，隋炀帝惊恐万分，以为是农民军打进来了，急忙朝西苑逃去。后来发现是虚惊一场，但他仍旧躲在草丛里动也不动，直到火被扑灭，才一脸狼狈地走了出来。

晚上睡觉的时候，隋炀帝常常做噩梦，动不动就会被吓醒，后来，他只有依靠宫女的摇抚才能睡着。一段时间后，隋炀帝考虑到江淮地区的农民起义较少，便决定再次下江都。

大业十二年（公元616年），隋炀帝开始了第三次江都之行。考虑到国内的情况，大臣们都不同意隋炀帝离开洛阳，但隋炀帝对众人的进谏一概不听，执意要去江都。

有几位官员上奏劝他，被盛怒之下的隋炀帝处死。船队行至汜水（今河南省荥阳市）时，又有一位大臣劝隋炀帝返回洛阳，隋炀帝很不高兴，下令将其处死。船队继续前行，到达梁郡（今河南省开封市）时，又有人上奏说："陛下，现在去江都的话，皇位就不是你的了。"隋炀帝不听，将其斩首。

到了江都后，隋炀帝常常坐卧不安，睡觉的时候甚至会忽然狂叫起来。为了排除这种惶恐感，他开始大吃大喝，杯不离口，以转移自己的注意力。不过，隋炀帝自己心里也清楚，死亡的脚步离他越来越近了。

局势分析

隋炀帝三下江都，其目的是什么呢？民间流传，隋炀帝下江都是为了赏琼花，真是这样吗？

琼花又叫蝴蝶花，聚八仙，是我国的千古名花，被称为"稀世的奇花异卉""中国独特的仙花"。宋朝的张问就曾在《琼花赋》中赞美它："俪靓容于茉莉，笑玫瑰于尘凡，惟水仙可并其幽闲，而江梅似同其清淑。"的确，琼花，美的独特，独具风韵。它那清秀淡雅的风姿，让人忍不住为它陶醉，不但博得了世人的厚爱，古代的文人墨客更是对它赞不绝口。

然而，隋炀帝时期，江都（扬州）并没有琼花。一般认为，琼花最

早出现在宋代，宋太宗至道二年（996年），宋代诗人王禹傅被封为扬州知府，他也是描写扬州琼花的第一人。而这时，距离隋炀帝去世已经有378年了，因此，隋炀帝下扬州是看不到琼花的，这只不过是后人的杜撰罢了。

史学家们认为：隋炀帝来扬州不单单是玩乐那么简单。隋炀帝第一次下江都，很大一部分原因是为了安抚江南，加强隋朝对江南一带的统治。江南地区的官僚士族总是以正统自居，不把隋朝开国的皇亲国戚放在眼里，隋炀帝下江都最重要的目的就是为了压服他们，当然，这其中也有炫耀功业的心理。

隋炀帝第二次下江都主要是为了让外国使臣看看锦绣江南的繁华，同时，为征讨高句丽做准备。第三次下江都则是为了逃难。

隋炀帝南巡有着重大的政治使命，这从他的随行人员中就能看出来。与炀帝一起下江都的有中原硕学鸿儒，例如：大文豪薛道衡，博学多才的牛弘以及讲经弘法的一大批僧尼道士。

正视到这一点，我们就不会再简单地认为隋炀帝下江都只是为了满足自己的私欲了。

说点局外事

虽然隋炀帝下扬州是为赏琼花的事情是虚构的，但民间至今流传着隋炀帝赏琼花的故事，且版本众多，我们来看看这几个流传最广的。

第一种：相传，在扬州的一个小村子里，住着一位名叫观郎的小伙子。有一次，观郎在河边散步的时候，突然发现一只受伤的白鹤在水面上挣扎，他赶紧跳下水将白鹤救起。在他的精心照料下，白鹤的伤很快就痊愈了。

不久，观郎要结婚了，白鹤从远方衔来一粒种子向他表示祝贺。观郎将种子埋入土里，一段时间后，长出一株美丽的琼花，这花很是奇特，每隔一个小时就要变换一种颜色，邻里乡亲听说后纷纷前来观看。后来，这件事被隋炀帝知道了，世间竟有这么奇特的花，一定要去看看，炀帝想到这里便立即命人准备下江都的事宜。

到达江都后，隋炀帝便迫不及待地跑去观郎家观看琼花，只是，他刚走到琼花跟前时，花儿忽然就凋谢了。隋炀帝气急败坏，随手拿起剑就向琼花砍去，然而，还没等他的剑挨近时，琼花突然放出万道光芒，紧跟着，人们就听到炀帝的随从捂着眼睛惨叫，鲜血从他指缝中汩汩流出，不一会儿，一只白鹤从天而降，迅速地驮起观郎飞向天空。隋炀帝害怕极了，连夜带着随从跑回城里。

后来，观郎投奔了瓦岗军，瓦岗军攻到洛阳时，观郎听说隋炀帝逃到了江都，便带领了一支队伍到江都把隋炀帝杀了。第二天，人们又看到白鹤从天而降，驮着观郎往西方飞去了。

第二种：据说，隋炀帝有个妹妹，名杨琼，出落得很是美丽大方。荒淫的隋炀帝很早就对妹妹虎视眈眈，一次醉酒后，更是强行占有了她，后杨琼羞愤自尽。隋炀帝怕引起朝臣们的谴责，便把妹妹的尸体运到扬州安葬。

后来，在杨琼的墓上长出一株奇怪的花卉，开的花有几十个盘子那么大，洁白如玉，香气袭人，人们便把这种花叫作"琼花"。隋炀帝听说后，特意下江都来观看，不曾想，隋炀帝刚走到花儿跟前，琼花树忽然就枯萎了。隋炀帝去世后，琼花又发出了新芽。

第三种，传说，有一次，隋炀帝做了一个梦。梦中，他见到了一株非常美丽的花朵，但是，他不知道花的名字是什么。早起后，他便叫来画工，将梦中花的样子说给他听，没多久，一幅漂亮的花朵跃然纸上。

王世充看到这幅画后，便对隋炀帝说，这是琼花，产于扬州。听王世充这么一说，隋炀帝的兴趣很快被调动了起来，几天后，便兴冲冲地带着众多大臣和嫔妃下江都去了。只是，在隋炀帝赏琼花的时候，满树琼花皆落，折腾了半天，炀帝到最后还是没看到梦中的琼花。

隋炀帝下江都看琼花的故事，在很多明清小说中都有记载。《隋唐演义》第四十七回中就曾说道："看琼花乐尽隋终，殉死节香销烈见。"在这

里，琼花已不单单是一种花卉，它被人格化，它成了有情有义的化身，它同情人们的苦难遭遇，痛恨隋炀帝的荒淫残暴。它爱憎分明，不畏强权，是美好事物的象征。

虽然小说是虚构的，但它的影响力甚至超过了正史，从中我们也不难看出人们对隋炀帝劳民伤财行为的深恶痛绝。

太原起兵

随着各地反隋的队伍蜂拥而起，镇守太原的李渊蠢蠢欲动。大业十三年（617年）五月，李渊率兵发动叛乱，开始了他推翻隋王朝的征程。

李渊出身于贵族世家，祖父李虎风流倜傥，乐善好施，在西魏时曾任太尉，是西魏府兵八位柱国大将军之一，后来帮助宇文泰建立了北周政权，去世后，被追封为唐国公。李渊承袭祖爵，七岁时，父亲李昞就去世了，小小的李渊便成了唐国公。

李渊的姨母是独孤皇后，因此隋文帝对他也格外照顾，曾累任谯州、陇州、岐州三州刺史。大业十一年（公元615年），隋炀帝封李渊为山西、河东抚慰大使，留守太原。至此，李渊成了权倾一方的封疆大吏，担起了北御突厥及镇压山西一带农民起义的重任。

当时，农民起义的烽火已经蔓延到全国各地，后在今河南、河北、山东和江淮一带，逐渐形成了以李密、窦建德、杜伏威为首的3支主力农民起义军，他们以迅雷不及掩耳之势瓦解着隋王朝的统治，将隋朝主力军队分隔在江都（今江苏扬州）、洛阳、长安3个地方。

有些官僚贵族见隋王朝的统治已经土崩瓦解，天下大乱，于是纷纷率兵乘机而起。在这种形势下，李渊父子也开始暗中做起了起兵反隋的准备。

太原在隋朝时，被称为并州，与长安并列为当时的两大城市。太原三面环山，地形复杂坚固，不但是交通要道，更是中原王朝抵御北方少数民族入侵的重镇。太原土地肥沃，农产丰富，优越的地理位置和交通、经济决定了它的军事价值，使其成为了历代兵家必争之地，也为李渊起兵提供了丰厚的物质保证。

李渊到太原上任的时候，长子李建成、四子李元吉被留在河东（今山西运城、临汾一带），暗中招兵买马，扩充自己的力量。次子李世民跟随父亲到太原上任，李渊令其在太原一带招揽人才，密招豪友，晋阳令刘文静、晋阳宫监裴寂、右勋侍刘弘基、左亲卫窦琮等后来都投奔了李渊。

大业十三年（617年）农历二月，李渊的下属鹰扬府校尉刘武周杀死马邑（今山西朔州市）太守王仁恭，发动兵变，并在马邑自称天子，改国号为定杨。三月，率兵占领汾阳宫，后与突厥人相勾结，图谋一起合作争夺天下。

农历七月，李渊以征讨刘武周为名，派李世民、刘文静、长孙顺德、刘弘基等人到各地募兵。为了激怒民众自愿起来反隋，壮大军队力量，李渊特意让刘文静伪造隋炀帝敕书，说是为了攻打高句丽，要从太原、西河（今山西汾阳）、雁门（今山西代县）、马邑（今山西朔县）四郡征 20 ~ 50 岁的男子为兵，一时之间，民怨沸腾，百姓们纷纷加入李渊的队伍中，据记载，当时，10 天之内有将近上万人响应招募。河东的李建成、李元吉也被李渊派人秘密召到太原。

李渊的积极筹备引起了太原副留守王威和高君雅的注意，他们两人实际上是隋炀帝派来监视李渊的眼线。看到李渊招兵买马，两人便开始怀疑李渊有起兵造反的动机，于是，暗中拉拢晋阳乡长刘世龙，并把借李渊到晋祠求雨的机会，派人暗杀他的计划告诉了刘世龙。

王威和高君雅没想到的是：刘世龙早已投奔了李渊。得到刘世龙的密报后，李渊决定立即采取行动。五月十四日晚上，李渊开始部署，他命次子李世民率 500 精兵前去晋阳宫城东门埋伏，加强戒备。

十五日清晨，李渊派刘文静等人出面，控告王威、高君雅两人谋反，与突厥暗中相勾结，高君雅还没来得及申辩，长孙顺德和刘弘基等人早已率兵上来将他们抓捕了，后高君雅被杀，李渊宣告起兵反隋。

局势分析

隋朝末年，因无法忍受隋炀帝的暴政，各地爆发了大规模的农民起义。许多贵族和豪强地主乘机反叛，希望在混战中能夺取政权。

李渊也早已蠢蠢欲动，而且作为太原留守的他，手握军权，手下还管辖着山西中部的广大地区，为他起兵提供了丰厚的物质条件。不过，李渊并没有在群雄逐鹿中原的混乱形势下立即起兵。

李渊（566—635），字叔德。陇西成纪（今甘肃秦安县）人。李渊是皇亲国戚，他和隋炀帝是姨表兄弟。隋王朝建立后，李渊屡立战功，伴随着地位的升迁，李渊手中也有了一支数量庞大的武装力量。

大业十三年（617年），突厥侵犯隋朝边境地区，同年，河东地区甄翟儿也率兵造反。出于利害关系，隋炀帝只好封李渊为太原留守。不过，隋炀帝猜忌心很重，他对李渊并不放心，因此将王威、高君雅封为副留守，名义上是辅助，实际上是监视。

隋炀帝奢侈荒淫，又穷兵黩武，给隋朝的社会经济带来了沉重的负担，史称"黄河之北，则千里无烟；江淮之间，则掬为茂草"，老百姓"安居则不胜冻馁，死期交急，剽掠则犹得延生"，在这样的背景下，农民起义终于全面爆发。

李渊身边的僚佐裴寂、刘文静纷纷建议他起兵反隋，次子李世民对此也十分支持。大业十二年（616年），农民起义军遍布全国，且已居优势，隋炀帝已无力再有效地打击各个农民起义军，李渊认为现在时机已经成熟，于大业十三年（617年）宣布起兵。

说点局外事

据说，李渊在太原起兵并不是他自己的意思，而是被逼的，这是怎么回事呢？

李渊的次子李世民心怀大志，礼贤下士，当隋朝的江山摇摇欲坠时，他早已和人暗中合谋，决定起兵反隋。

晋阳令刘文静与宫监裴寂私下与李世民交往密切，刘文静对李世民颇为欣赏，并劝他趁天下大乱时，率兵反隋，成就霸业。李世民心中早有此想法，于是，两人一拍即合。

但起兵反隋必须征得父亲李渊的同意，不过，此时的李渊并没有起兵的想法。一来，自己是皇亲，隋文帝、隋炀帝对他有恩；二来，李渊贪图享乐，并没有什么大志向。

作为臣子，李渊现在已经是位高权重，如果自己安分守己，不出差错，就不愁荣华富贵，所以，他没必要冒着被杀头的危险去造反。李世民深知李渊的想法，并认为现在若直接去劝李渊的话，说不定会招来杀身之祸。正当李世民苦恼之际，裴寂给他想了一个办法，李世民听后，觉得可行。

原来，裴寂使用的是美人计。事情还要从头说起，隋炀帝生活奢靡，荒淫无度，他在全国各地设有行宫，并广招美女。这些嫔妃佳丽们就长期生活在行宫里，日复一日地等待着隋炀帝的光临和宠幸。晋阳也设有行宫，由宫监裴寂管理，这也为他实施美人计提供了条件。

这天，裴寂在晋阳宫设宴招待李渊，两人畅谈旧事，举杯畅饮，很是开怀。李渊不胜酒力，再加上裴寂有意灌醉他，几杯下肚之后，已醉眼蒙眬，这时，门外忽然进来两位漂亮的女子，她们再次向李渊敬酒。李渊酒醉糊涂，也没问她们的来历，就继续喝酒，不一会，便不省人事，两位美人挽着他回房了。

李渊酒醒后，忽闻一阵异香，他睁眼一看，发现身旁躺有两个女子。李渊惊奇之余忙询问她们两人的姓名和身份，两人说是宫眷，李渊吓得魂飞魄散，忙穿上衣服。其中一女子说道："主上失德，各处已乱离成这样，妾没有公的保护，免不得被人污戮，所以裴寂让妾托身于君，希望在乱世中保全性命。"

李渊听后，脸色煞白，忙说："宫闱贵人，哪能同床共枕？此事若让陛下知道，李渊定当祸灭九族！"说完，急急忙忙的整理好衣服，夺门而出。

李渊刚出来，就与裴寂撞了个满怀，怒不可遏的李渊厉声喝道："裴寂，你想害死我吗？"裴寂说："唐公为何如此胆小？收纳一两个宫人，不过小事一桩，就是那隋室的江山，亦可唾手而得。现在盗遍天下，城门外就是战场，即是拘小节也免不了一死。如果举义师不但可以免祸，而且还可以得到江山。"

李渊回到家里思考了几天，最后决定起兵反隋。经过了几年的浴血奋战，李渊终于统一了全国，建立了唐朝，中国开始步入了又一强盛的时代。

第五章　走向灭亡

隋炀帝的穷奢极欲，劳民伤财致使天下大乱，盛极一时的隋朝也随之走向灭亡。隋朝曾统一中国，却在强盛之际，迅速灭亡，"其兴也忽焉，其亡也忽焉"。

江都兵变

大业十三年（617年），瓦岗起义大军向东都逼近，而后将隋炀帝的十大罪状公布于世。同一时刻，李渊也率兵攻占长安，并自封为唐王。隋朝的统治，已经在轰轰烈烈的农民起义中发生根本性的动摇。

各地官僚地主并没有竭力维护隋朝的统治，而是兴兵造反，想趁机分一杯羹，仅仅统一几十年的隋朝再一次被各个势力分割占据。在北方，受朝廷控制的仅剩洛阳等几座孤城，南方也只剩江都一隅之地。曾强盛一时的隋朝，现在已经名存实亡。

大业十四年（618年），在江都避难的隋炀帝见中原局势混乱，便打消了返回中原的想法，但是为了维持朝廷对江南的统治，为了保住隋朝摇摇欲坠的半壁江山，他仍旧想将都城迁到丹阳（今江苏南京）。于是，他派人到丹阳修建宫殿，打算等宫殿完工就将都城迁过去。

跟随隋炀帝一同在江都避难的士卒以关中人居多，本来背井离乡就容易思念家乡和亲人，加上得知家乡兵荒马乱，战事不断，士卒们对家人的思念和担忧就更加深了一层。而隋炀帝这时候却要将都城迁往丹阳，一系列的因素让士卒们对隋炀帝越来越不满意，甚至好多人都产生了逃回家乡的想法。

大将司马德戡是隋炀帝最为信任的人之一，这次到江都避难他一直跟在隋炀帝身边，这一次，隋炀帝再次向他委以重任，命他率领军队驻守东城。士卒们对隋炀帝的不满和逃回家乡的想法，司马德戡几乎都知道，为了以防万一，他找来平日和自己交好的元礼和裴虔通共同商量对策。

他说："现在队伍中很多人都因为不满皇上迁都而产生逃回家乡的想法，我想把这件事上报给皇上，但是担心这时候讲为时尚早，惹怒皇上我也会性命不保。可是不上报的话，万一士卒真的逃走，皇上把责任追究到我头上，我仍旧逃不了被灭族的惩罚。我应该怎样做才好呢？现在又听闻长安被攻占，李孝常在华阴兴兵造反，皇上盛怒之下将他的两个弟弟抓了起来准备杀掉。你我的家人都在西边，皇上现在这样对待李孝常，说不定将来就会这样对待我们，这怎么能不让人担心呢？"

元、裴二人听了以后全都乱了手脚，问："事情都已经这样了，有什么办法可行吗？"司马德戡回答说："如果士卒们真的要逃跑，我们倒不如同他们一起逃亡。"元、裴二人觉得这个方法可行，便齐声说："如此甚好！"

为了使逃亡队伍壮大，三个人又拉上内史舍人元敏、虎牙郎将赵行枢、鹰扬郎将孟秉、符玺郎牛方裕、直长许弘仁、薛世良、城门郎唐奉义、医正张恺、勋侍杨士览等人共同加入到逃亡的队伍中。他们不分昼夜地联络彼此，甚至公开讨论逃亡的细节，丝毫没有掩人耳目的意思。

隔墙有耳。一次，他们在商讨逃亡细节时恰好被一个宫女听到。宫女急忙向萧皇后高密，说："军队中有人想要造反。"萧皇后说："这样重大的事情你应该直接上报给皇上。"宫女急忙奔向隋炀帝的行宫，并将自己所听到的上报给隋炀帝。

隋炀帝听后怒声喝道："你区区一个后宫宫女怎么会知道国家大事，竟敢私自到我面前胡编乱造！"盛怒之下，隋炀帝命人将告密的宫女处死了。从这以后，即便有人听到了风言风语也没有谁敢向隋炀帝告密。

赵行枢和将作少监宇文智是很好的朋友，宇文智及恰巧是杨士览的姨父。因为关系比较亲近，所以赵、杨二人将商量好的逃亡计划透露给了宇文智及，而且还告诉他说，司马德戡已经决定好在三月十五日那天拉上队伍逃回西边。

宇文智及说："虽然皇上无道，但毕竟他现在还是隋朝的统治者，如果你们决意擅自逃走的话，下场很可能同窦贤一样，相当于自取灭亡。"赵行枢吓得赶忙问道："后果这样严重，我们该怎么办才好？"宇文智及回答说："现在是老天爷要灭隋朝，各路英雄纷纷揭竿而起，军队中逃亡的人数已经有数万之多，如果能将逃亡的人聚到一起形成队伍，说不定还能建立帝王的大业。"

赵行枢听完以后陷入了沉思，过了一会儿，他说："如果想要干一番大事，必须要推举出一位能率领队伍战斗的主帅。我身份地位，说话也没有分量，很难挑起这样一个重担。如此看来，也只有您能担此重任了。"

宇文智及听后故意装作吃惊的样子，说："我倒是没有想那么多，只是为了保命和你们一起商量出路而已。"在赵行枢的极力劝说下，宇文智及才故意勉强答应和自己的兄长做进一步的商讨。

赵元枢马上将宇文智及的想法告诉了想要一同逃亡的同伴，司马德戡等人都觉得这个想法不错，纷纷表示赞同。随后，众人将宇文智及约到右卫屯将军宇文化及的住处。宇文智及说自己比较愚笨，于是建议大家推举自己的哥哥宇文化及为主帅。大家觉得有理，便一致推举宇文化及为逃军的主帅。

宇文化及是宇文述的儿子，性格内向且十分胆怯。在了解了大家的来意以后，顿时吓得脸色铁青并极力推脱主帅之职。经过宇文智及的一番劝解和开导，加上众人的不断怂恿，最终他才勉强接受了主帅的职位。

按照计划，司马德戡带着同伙到处散布谣言，说隋炀帝得到军中来自北方的士卒要叛逃的消息，为了惩罚这些士卒，隋炀帝特意在酒中下了毒，想以犒赏三军为名将想要叛逃的士卒全部毒死。谣言让军队里人心惶惶，将士们纷纷奔走相告，本来无心叛逃的人现在也动了叛逃之心。

三月十日这一天，司马德戡将想要逃亡的将士们召集到一起，并宣布了这些天已经谋划好的计划，众将士纷纷表示会极力配合。当天夜里三更左右，司马德戡将想要逃亡的数万人马聚集到一处，然后纵火烧城。身在行宫的隋炀帝看到东城方向浓烟密布，火光冲天，接着一片喧哗声传进他的耳朵，百思不得解下问当班的裴虔通东城有什么事情发生。裴虔通回答说是东城的草房不慎失火了，司马德戡正在组织人手扑火。隋炀帝对这个回答并没有起疑，继续睡觉去了。

其他队伍中想要逃亡的将士见到东城的火光，纷纷开始按照计划行动，迅速控制了江都的各个地方。

五更时分，天逐渐亮了起来。司马德戡带领兵马杀入玄武门（行宫北门），在将守门的士卒全部铲除后马不停蹄地向隋炀帝的寝宫奔去。隋炀帝听到了司马德戡叛变的消息后，急忙换上便装逃到西阁避难，后来在搜查时被人发现，士卒将他押回寝宫，叛变的主要将领们都手握刀柄站在他两旁。

隋炀帝说："我堂堂大隋皇帝，你们竟敢这样对待我，难道我犯了什么罪吗？"将领马文举说："皇上确实有罪。对内，皇上屡次以巡游为名到处欺压百姓，而且皇上骄奢淫逸，暴虐无道，使大量无辜百姓惨死。对外，皇上常常出兵征讨他国，劳民伤财。现在国库空虚，百姓生活在水深火热中穷困潦倒，盗贼肆虐，战事不断，皇上不但没有悔改，反而更加信任奸佞的小人却远离忠厚的臣子。这一系列的事情，皇上说自己究竟有没有罪呢？"一席话让隋炀帝无言以对。

沉默良久，隋炀帝说："我的种种恶性让我深感愧对隋朝百姓，但是你们就没有罪吗？你们跟随我这么多年，同我一起享尽荣华与富贵，你们在指责我的时候不觉得心虚吗？今天的事情是谁领导的？"

司马德戡马上接过话来说："皇上多行不义才招致今天普天同怨，想要站出来反对皇上的岂止是一两个！臣等平日里深受皇上的宠爱，今天的事实在有负皇上的宠爱。但是现在天下局势混乱，两个京城都被造反者攻占导致皇上想要回去却无路可走，臣等也同样找不到能活命的出路，唯一的愿望就是借用皇上的首级来向天下人谢罪。"

司马德戡的话吓得隋炀帝几乎要魂飞魄散。赵王杨杲是隋炀帝的小儿子，平日里隋炀帝对他疼爱有加，此时他正站在隋炀帝旁边，见此情景，手足无措之下吓得号啕大哭起来。裴虔通觉得哭声很让人心烦，便手起刀落，将杨杲杀了。因为距离较近，鲜血直接喷到了隋炀帝的身上。

隋炀帝知道自己这次难逃一死，心想，既然左右都是死倒不如死得有尊严一些。于是对两旁的将士说："皇上自然有皇上的特有死法，不能用刀剑之类的利器，把毒酒拿过来，我要服毒自尽！"但这个要求并没有得到将士的同意。隋炀帝万般无奈，只好将自己束腰用的白色丝巾解下来交给两旁的将士。两个将士走到他面前，将丝巾在他的脖子上绕了一圈，然后用力一勒，隋炀帝挣扎了几下，便不动了。

隋炀帝每次南下巡游都会带蜀王杨秀随行，到了目的地以后便将他囚禁在军营里。隋炀帝死后，宇文化及想要扶植杨秀称皇帝，但众人商讨过后认为这样做不妥当，于是将杨秀连同他的七个儿子一并杀死。然后又将隋朝的宗室以及外戚，不论是幼童还是老者一律杀死。秦王杨浩平日里和宇文智及又不少来往，在宇文智及的帮助下，杨浩最终得以活命。

宇文化及自封为大丞相，统领百官，并以隋炀帝皇后的命令为由将杨浩立为皇帝，入住行宫。但这个皇帝之位只是徒有虚名，杨浩也只负责签署和颁布赦令，而且还要被士卒监视。借皇帝之手，宇文化及给弟弟宇文智及谋了左仆射的职位，另一个弟弟宇文士及也被封为内史令，裴矩则被任命为右仆射。

◤ 局势分析 ◢

在江都宫，每天都会传来民变造反的奏报。大臣们知道隋炀帝不愿听实言，于是只进献些溜须拍马之词，隋炀帝竟深信不疑，以为自己的大隋王朝依然国泰民安。反而，如果有人直言相谏，将起义军情况如实相告，隋炀帝却认为是妄言，大加惩处。

隋炀帝的生活荒淫腐朽，整日寻欢作乐，不思朝政，不过，这并不代表他的心中没有恐惧。有天夜里，大业殿突然起火，隋炀帝以为是农民军冲进宫里了，慌张逃入西苑，躲在杂草里面，一直等到大火熄灭了才悄悄地跑出来。

但这并没有让隋炀帝开始反思，逃到江都后，他变本加厉，更加荒淫无度，大肆修建宫殿楼台，广招美女，每个宫殿各居美女多人，每天由一房美女做东，然后他带着千名后妃侍女前去饮酒，整天寻欢作乐，日夜昏醉。

隋炀帝与萧皇后聊天时，经常说："外面想计算我的人太多了，防也防不过来，不如别去管他，逍遥快活地饮酒作乐吧。"萧皇后有次看到隋炀帝拿着一面镜子照了良久，便问隋炀帝在看什么？

隋炀帝说："我这颗头颅将要不知要被谁砍掉？"

萧皇后十分惊恐，说道："你怎么能说这样的话呢？"

隋炀帝强颜欢笑说："贵贱苦乐，循环相寻，砍头也不算什么。"此外，隋炀帝还特意准备了一缸毒酒，并且对他的宠妃们说："如果贼兵进来了，你们就先喝下这毒酒，随后我也会喝下它。"

虽然这么说，可事实上隋炀帝十分怕死，还幻想着某天可以得到宽恕。一次，他对萧后说："让我们痛痛快快地喝酒吧，不管怎样，朕都是长城公，而你也不失为沈后。"

南陈灭亡后，隋朝赐给陈后主"长城公"的封号，沈后也就是陈后主的皇后。陈后主去世时，隋炀帝赐给他一个贬称"炀"，暗讽陈后主一生沉迷于花天酒地，不误政事。可他万万没想到的是，4年之后，长城公的待遇对他来说都是奢求，最后还落了个"炀帝"的丑名。

说点局外事

隋炀帝使大隋皇威远播四海，这是自汉武帝以来七八百年间无人可以比拟的。但他没让人民休养生息，接二连三进行大役，致使天下骚动。三征高句丽，均归失败。国内反叛，政治失控，边疆不稳，朝野离心。这成为隋朝历史的转折点，也是隋炀帝一生荣辱的转折点。

无情的打击使隋炀帝情绪低落到极点，既无回天之力，只好逃避现实，于是从一个极端走到另一个极端。他好像换了一个人，政治上不再有任何进取之心。

他不得不为自己考虑后路了。他在毗陵（常州）、会稽（绍兴）建造宫殿，为逃奔江南作准备。运河上的龙舟水殿已被叛将杨玄感烧毁，炀帝便在大业十一年（615）下令江都重新制造，计数千艘，全部送往东都备用。

自大业八年（612）以后，炀帝政治意志完全崩溃，后来干脆不愿过问国政，追求享乐，以玩笑解闷。表面上看玩得开心，花样翻新，但却掩饰不了炀帝内心的焦虑。

江都制作的龙舟送到东都，大臣宇文述（隋炀帝的亲家翁）带头献媚，劝炀帝行幸江都。炀帝对中原政局失去信心，也想逃避偷安一隅，他想的是万一北方控制不住，就放弃两京，退保江都，像六朝那样割据江南。

隋炀帝三巡江都，许多美艳的宫女不得随行，她们哭泣着挽留皇帝。炀帝也自知此去即不回，却故作多情地题诗一首："我梦江南好，征辽亦偶然。但存颜色在，离别只今年。"并以诗赐宫娥。

其情形与前两次巡幸江都，炫耀天子气派，真是大不一样，简直就是落荒而逃。

南阳公主

作为一个多民族国家，我国古代帝王常常用武力征战来巩固其封建统治地位，除此之外，还有另一种方法，那就是联姻。政治联姻在我国可谓是历史悠久，源远流长。早在春秋战国时，各诸侯为了增强自己的势力，就常常使用联姻的方法。

在这些政治家们眼中，政治联姻已经成为一种政治筹码，是他们为了达到自己的政治目的一种手段，其意义早已超过了婚姻本身。不管是部族之间的通婚，还是帝王将相之间的联姻，都是通过婚姻来达到自己的利益。至今，这种联姻方法仍被一些富豪家庭用于结盟或扩大家庭势力。

在隋炀帝争夺帝位的过程中，宇文述为他出谋划策，立下了不少功劳。为了酬谢并拉拢这位功臣，隋炀帝便把自己最心爱的女儿南阳公主嫁给了宇文述的儿子。南阳公主当时只有14岁，因为年龄的关系，她嫁给的是宇文述的第三子宇文士及。南阳公主的婚姻就这样染上了政治色彩，这也为她日后的悲惨结局埋下了祸根。

南阳公主是隋炀帝的长女，母亲是萧皇后，她聪颖美丽，端庄贤淑，以才气和美貌闻名。嫁到宇文述家后，对上她孝敬公婆，对内她与丈夫举案齐眉，相敬如宾，不久，便生下了儿子宇文禅师。

一次，公公宇文述生病了，南阳公主放下公主的架子，亲自到厨房去做燕窝汤，汤做好后，她自己品尝过，觉得味道不错，这才端给公公喝。宇文述喝着儿媳亲自为自己做的汤，感动得热泪盈眶。后来，宇文述病逝后，南阳公主披麻戴孝，扶枢痛哭。

在与宇文士及共同生活的15年里，两人琴瑟甚笃，吟诗作画，伴君夜读，从没吵过架。但天有不测风云，很快，这种幸福的局面便被打破了。

大业十四年（618年）三月，宇文士及的哥哥宇文化及杀了隋炀帝，后又在魏县（今河北大名西南）称帝，改国号为许，年号天寿。此时，在河北最大的势力是窦建德，看到宇文化及称帝，窦建德不能容忍一山二虎的现实，便打着为先帝复仇的旗号，率兵攻打宇文化及，宇文化及大败，宇文氏家族被诛杀。

南阳公主的儿子宇文禅师也在被杀之列，她虽然心如刀割，却强装镇静，对前来通报消息的武贲郎将于士澄说道："武贲既是隋室贵臣，此事何须见问？"就这样，10岁的宇文禅师被窦建德军所杀。危难之际，她分析局势，劝丈夫前去投靠李渊。

她将手上的金环卸下递给丈夫，让他交给李世民。宇文士及不明白妻子的意思，南阳公主说："如今书信不便，你将这枚金环交到秦王李世民手里，他便知道你要投奔他，这金环寓指'近期而还'。"宇文士及恍然大悟，立刻由济北归唐，也因此逃脱了被诛杀的命运。

此后不久，南阳公主在聊城削发为尼，这期间，她一直生活在窦建德的势力范围内，窦建德被李世民打败后，南阳公主决定回长安生活。途中，与失散多年的丈夫宇文士及在洛阳偶遇。

看着已遁入空门的南阳公主，宇文士及觉得很对不起她，想夫妻合璧，破镜重圆，南阳公主决意不与他相见，说道："你们宇文家与我有杀父之仇，我只恨自己不是男儿身，不能手刃你全家，又怎么会与你相见呢？"

宇文士及为自己辩解道："宇文化及谋逆时，我和你在一起，根本没参加他们的谋逆之事，事前，也没得到消息。"

南阳公主说："正是因为你没参加，我才特意为你谋划了一个好去处。以后，只要你忠于新主，忠于朝廷，就有一辈子享不完的荣华富贵。我和你之间的夫妻缘分已尽，你赶紧离开吧。"

宇文士及仍纠缠不已，不肯离去。南阳公主在房内说道："你若是坚持如此的话，我们就在地下做夫妻吧。"说完交给丫鬟一把匕首，让她拿给门外的宇文士及。看着这把匕首，宇文士及心若刀剜，这匕首本是一对，如今，自己若用这一把匕首自尽，公主也必定会用另一把结束自己的性命。蝼蚁尚且贪生，何况是人，宇文士及还不想死，所以他只好叹了一口气，快快地离开了。

实际上，此刻的南阳公主内心也在挣扎，如果宇文士及真的接过了那把匕首，或许她会出门相见，只是宇文士及并不愿意为情而死。

国破家亡，夫离子去，了无牵挂的南阳公主并没有选择以死赴国难，而是选择到苍岩山出家，终其一生。苍岩山位于现在的河北省石家庄市，据说，山中的福庆寺就是当年南阳公主出家的地方，人们为了纪念公主，专门为她修建了庙宇，即现在的南阳公主祠。

局势分析

隋炀帝对南阳公主十分宠爱，他每次外出巡游时，常常把南阳公主带在身边。大业末，民变四起，纷乱的局面一发不可收，隋炀帝下江都后无心再返回洛阳，后近卫造反，宇文士及的哥哥宇文化及被推选为头目，发动江都兵变，杀死了隋炀帝，并将大部分隋朝的皇室男性杀死，萧皇后等人被宇文化及掌控。

窦建德打败宇文化及后，萧皇后和南阳公主等全部落到了他手里，隋朝旧臣看见窦建德吓得瑟瑟发抖，只有南阳公主气度从容，声陈报仇之志，情理恳切，令人敬重。

窦建德诛杀宇文化及及其家族时，南阳公主大义灭亲，儿子宇文禅师因连坐被杀。后南阳公主出家为尼，西归长安。

后人怜悯南阳公主的悲惨遭遇，为她创作了不少神话传说。清朝光绪帝将南阳公主封为慈佑菩萨。

说点局外事

宇文述是隋文帝的开国功臣，隋炀帝的忠实鹰犬，隋炀帝登基后，封宇文述为左卫大将军，晋封许国公。宇文述有三子，长子宇文化及，次子宇文智及，幼子宇文士及，父子四人都是隋唐时有名的反面人物。

宇文化及为人凶残阴险，常常倚仗父亲的权势胡作非为。由于长期以来目睹了隋朝统治阶级的贪婪腐败，他也养成了骄横、贪得无厌的本性。他常常带领一大帮家丁，骑着高头大马，在长安街道上狂奔，百姓们都叫他"轻薄公子"。

宇文化及和杨广走得很近，杨广还是太子的时候，宇文化及是宫廷护卫官，经常出入杨广的内宫，后来被杨广升为太子仆，至此，宇文化及成了太子宫中的高级僚属，与杨广的关系也更加亲密。

宇文化及曾因收受贿赂多次被罢官，但因为他深受太子杨广的喜爱，所以，每次罢官不久，都会官复原职。再加上，他的弟弟宇文士及成了驸马，攀上了皇亲，宇文化及因此变得更加目中无人，在与朝廷中的百官交往时，他常常出言不逊，侮辱其他官员。

杨广即位后，封宇文化及为太仆少卿，他又仗着和杨广的老交情，横行不法，肆意妄为。大业初年，隋炀帝出访榆林（治今内蒙古准格尔旗东北十二连城），宇文化及和弟弟宇文智及陪同。

到达榆林后，宇文兄弟二人违背禁令和突厥人做买卖，隋炀帝知道后大怒，命人将宇文化及囚禁。几个月后，隋炀帝一行准备回京，遂下令将宇文化及处死，南阳公主出面求情，宇文化及才被免了死罪，炀帝将他判给其父宇文述为奴。后宇文述去世，隋炀帝念在和宇文化及的旧交情上，重新起用他为右屯卫将军，封宇文智及为将作少监。

在小说《大唐双龙传》里，宇文化及是乱世中的枭雄，"身形高瘦，手足颀长，脸容古拙，神色冷漠，一对眼神深邃莫测，予人狠冷无情的印象，但亦另有一股震慑人心的霸气"，隋史中，对宇文化及的描述是"性凶险，不循法度，好乘肥挟弹，驰骛道中，由是长安谓之轻薄公子"。

实际上，历史上的宇文化及只是个奸佞小人，和小说中野心勃勃的人物形象相差甚远，他胆子很小，属于有贼心没贼胆的那种人。宇文化及的叛变与上位，全是弟弟宇文智及和隋炀帝手下将士策划怂恿的结果。

杀掉隋炀帝后，宇文化及率领着隋朝大部队与李密多次交战，却屡战屡败，他带领的隋军可以说是隋朝战斗力最强的正规军，现在却次次兵败而逃，可见，其指挥水平实在是令人不敢恭维。数次的战败令宇文化及非常郁闷，常常借酒消愁，醉酒后竟然埋怨起弟弟来，说自己打不了胜仗全是弟弟连累的，首领做成他这样，实在是窝囊至极！

但他后来却说了一句非常有名的话："人生故当死，岂不一日为帝乎！"于是杀死傀儡帝王杨浩，自立为帝，这也算是为他自己和宇文家族争回一点颜面。可惜的是，宇文化及的王位还没坐稳，就被窦建德砍了脑袋，满门抄斩，宇文家族的历史，到这里也就以悲剧收场了。

宇文述的第二子宇文智及喜欢与人聚众斗殴，蒸淫丑秽，无所不为。

身为驸马的宇文士及很看不起他，与大哥宇文化及的关系却很好。

在这三兄弟中，宇文士及比较沉默寡言，但他生性谨慎，最有计谋。宇文化及做过大许的皇帝，宇文智及参与过杀害隋炀帝的兵变，虽然听起来都比较威风，但结局最好的却是宇文士及。隋朝灭亡后，宇文士及投奔唐朝，后又成了唐朝的"帝婿"，隋唐两朝的驸马，这在历史上可不多见。

据说，宇文士及也参与了杀害隋炀帝的行动，但他属于幕后军师一类的角色，隐藏较深，这点司马光在《资治通鉴》正文中虽然没有记载，但在考异中却留下了痕迹。照这样看来，上一代宇文述帮助隋炀帝夺天下，下一代三兄弟则给隋炀帝安排结局，真是造化弄人呀！

关中易主

李渊起兵反隋后，遣刘文静出使突厥，请求突厥可汗派兵马相助，同时，招募军队，七月，率军南下。当时，瓦岗军与洛阳的王世充激战方酣，李渊决定乘此机会，攻占关中。

得知李渊起兵的消息后，西河郡隋将拒绝守卫婴城，李渊派李建成、李世民率兵攻打。郡丞高德儒深知西河兵微将寡，于是命将士关闭城内，守城，李世民身先士卒，与士兵同甘共苦，受到将士们的一致爱戴。9天后，李建成率兵攻下了西河，高德儒被杀。

李渊十分高兴，下令开仓赈饥，募集士兵。他将军队分成三部分，自己做大将军，率领主要军队；封李建成为陇西公、左领军大都督，统领左三军；封李世民为敦煌公、右领军大都督，统领右三军，此外，将军府、都督府中的将士也纷纷参加，组成了一股有力的军事机构，力量更加壮大。

七月，李渊命李元吉留守太原，亲自率领3万精兵，在突厥军的帮助下，进攻长安，长安代王杨侑派大将宋老生、屈突通迎战李渊。

李渊率军南下，进攻霍邑（今山西霍县），当时正赶上雨季，大雨下个不停，将士们却因为缺乏粮食忍饥挨饿。李渊决定率兵返回太原，李世民哭着说："现在正是收获季节，田野到处都是菽谷，何必担心粮食不够？如果遇到抵抗就班师撤兵，恐怕将士解体，大势已去。"

李建成也反对退回太原，李渊深思熟虑下，决定在霍邑与隋军交战，战争打响后，李渊、李建成率兵列阵城东，李世民率兵列阵城南，刚开始的时候，李渊军队出师不利，败下阵来。后李世民率骑兵从背后夹击隋军，直冲隋将宋老生阵，李渊则率军从前面进攻，隋军腹背受敌，遭遇惨败。李渊占领霍邑，宋老生被杀。

紧接着，李渊又先后占领临汾郡和绛郡（今山西新绛县），孙华和冯翊（今陕西大荔县）太守萧造向李渊投降，他们是关中势力最大的一支武装，有了他们的加入，李渊的势力更加强大。

九月，李渊率兵进攻河东（今山西永济市），但河东被隋将屈突通守着，以致久攻不克。裴寂认为应该先攻下河东，然后再进攻关中，李世民则主张兵贵神速，应该直捣关中。这两种建议都有道理，如果不消灭屈突通直接入关，就会陷入长安隋军与屈突通援兵夹击的状态，腹背受敌；但一味在河东僵着也不行，会错失战机。

李渊权衡两种意见后，决定各取其长，兵分两路，留一部分将领继续进攻河东，牵制屈突通，自己则和次子李世民直取长安。

李渊率军渡过黄河后，为了阻挡关东隋军，特意派长子李建成驻守潼关，李世民则率军从渭北进入了三辅，关中各武装力量见李渊势力强盛，纷纷投降，关中局势得以稳定。

十一月，李渊将李建成、李世民、刘弘基三股力量聚集在一起，共20余万，进攻长安。并下令，不准侵犯隋朝七庙和代王宗室，违者严惩不贷。之后，诸军攻城，雷永吉率军首先登上城头，长安被攻克。

李渊占领长安后，推举隋炀帝的孙子杨侑为天子，是为隋恭帝，改元义宁，追隋炀帝为太上皇，又以杨侑的名义封自己为假黄钺、使持节、大都督内外诸军事、尚书令、大丞相，进封唐王，总揽朝政，

大业十四年（618年）四月，隋炀帝在江都被杀死，炀帝死后，李渊

心中最大的顾忌被消除，当时，洛阳的王世充将隋炀帝的又一个孙子越王杨侗立为傀儡皇位，但李渊认为王世充不足为患，于是决定夺取政权称帝。

不久，他便操纵杨侑禅让："少帝（杨侑）年未胜衣，不经师傅，长于妇人之手，时事茫然。既知炀帝不存，惟求潜逊。"又有"文武将佐裴寂等二千人，不谋同辞，……乃相率上疏劝进。"

李渊于是称帝，五月，李渊于太极前殿正式登基，改国号为唐，隋王朝历时 37 年的统治正式宣告结束。

在李渊的精心策划下，杨侑只做了 6 个月皇帝便被迫退位，李渊封他为鄜国公，一年后，15 岁的杨侑"因病而崩"。

局势分析

从太原起兵到成功攻克长安，李渊只用了短短 5 个月的时间，这主要是因为：隋末的农民战争彻底打垮了隋朝统治。各地的农民军牵制了隋朝的大部分兵力，隋统治集团无暇西顾，关中空虚，无力和势力强大的李渊集团相抗衡，这是总的战略形势所决定的。

再者，在攻取长安的过程中，李渊巧用战术，如：与李密合作，拖住隋军，使其无暇四顾，占领长安后，立刻在潼关屯兵，阻止隋朝援军。

李渊在战术运用方面当机立断，紧抓时机，使军队能双管齐下，同时攻打河东，进军长安，事实证明，这种战略是成功的。长安失陷后，屈突通见大势已去，命人敞开城门，向李渊投降。

李渊在进军途中治军严谨，秋毫无犯，赢得了关中各个地主阶级的大力支持，也为他行军减少了阻力，最终顺利攻占长安。

说点局外事

杨侑，生于隋炀帝大业元年（605 年），其父是隋炀帝的长子杨昭，炀帝即位后杨昭被立为太子。大业二年（606年），杨侑两岁时，杨昭病死。由于杨侑自幼聪明敏捷，才气过人，气度不凡，深受祖父隋炀帝喜爱，三岁时先是被立为陈王，后来又被封为代王，并且享受一万户的食邑。

大业九年（613年），隋炀帝征伐辽东时，杨侑被任命为京师总留事，镇守西京长安。同年六月，杨素的儿子礼部尚书杨玄感在黎阳（今河南浚县）起兵反隋，拥众十余万，围攻东都洛阳。杨侑曾派刑部尚书兼京兆内史卫文升率兵四万东击杨玄感，以解洛阳之围。大业十一年（615年），11岁的杨侑随炀帝到山西晋阳（今山西太原）巡视，随后又被任命为太原太守。

大业十二年（616年）二月，隋炀帝在农民起义军的打击下，南逃江都（今江苏扬州市），并下令修建丹阳宫，企图固守江南，维持半壁河山。杨侑被诏令据守长安。长安失守后，杨侑被俘。

李渊占领长安后，并没有将杨侑杀掉，反而拥戴他当了皇帝。

大业十三年（617年）十一月，13岁的杨侑在李渊父子的拥戴下，在大兴殿即位称帝，改年号为义宁，遥尊隋炀帝为太上皇。李渊则以杨侑名义任为"假黄铖、使持节、大都督内外诸军事、尚书令、大丞相"，并进封唐王。

据历史记载："少帝（杨侑）以帝（李渊）功德日懋，天历有归，欲行禅让之礼，乃进帝为相国，加九锡。"李渊"推让"数次，并对公卿大臣们讲："魏氏（曹魏）以来，革命不少，鸿儒硕学，世有名臣。佐命兴皇，皆行禅代。不量功业之本，惟存揖让之容。上下相蒙，遂为故实……魏、晋、宋、齐，为感已甚，托言之士，须知得失。"

此时的杨侑已经完全被控制在李氏父子手里，根本没有任何过问政事的权力。虽然如此，李渊已经胸有成竹，私下对亲近讲："吾今一匡天下，三分有二，人关形势，颇似汉高祖……"李渊已经以汉高祖刘邦自居了。

隋恭帝

618 年，50 岁的隋炀帝被叛军勒死在江都（扬州）。隋炀帝死后，隋朝贵族阶层的利益受到了极大的打击。古话说："倾巢之下，岂有完卵？"杨侗便是其中的代表人物。"来世再不生在帝王家"就是他对自己一生的总结。

隋炀帝即位之后，立自己的长子杨昭为太子，不幸的是，一年之后杨昭就因病去世，隋炀帝十分痛心，故而将自己的爱全部转移到了杨昭的三个儿子身上，即：杨倓、杨侗、杨侑。

杨侗是隋炀帝的嫡孙，字仁谨，他人如其字，仪表俊秀，宽厚仁爱、庄重端谨，杨昭去世后不久，两三岁的杨侗就被祖父隋炀帝封为了越王，同时封杨倓为燕王，杨侑为陈王。

隋炀帝十分喜爱这三个年幼的孙子，每次离京巡行，都会让杨倓陪同，杨侑与杨侗则分别留守西京长安和东都洛阳。杨玄感作乱时，杨侗与樊子盖闻报，勒兵备御，力拒杨玄感。杨玄感兵败后，杨侗多次担任高阳太守，随后又以本官再次留守东都。

大业十二年（616 年）七月，隋炀帝准备去江都避难，临行前，隋炀帝再次命杨侗留守东都，同时又命太府卿元文都、金紫光禄大夫段达等文武大臣辅佐年幼的杨侗。

随后隋炀帝被宇文化及等人杀害，留守在东都的文都等人认为杨侗是元德太子的儿子，是最纯正的皇室血脉，于是拥护杨侗为皇帝，改元为"皇泰"。为炀帝追加谥号"明"，庙号世祖。追尊元德太子为孝成皇帝，庙号世宗。尊其母刘良娣为太后。

杨侗对当时的一些重要人物委以重任，并赏赐他们金书铁券，藏之官掖。段达被杨侗封为纳言、右翊卫大将军，同时摄礼部尚书；王世充也担任纳言之位，兼任左翊卫大将军，摄吏部尚书；元文都则担任内史令、左骁卫大将军之职；卢楚为内史令；皇甫无逸为兵部尚书、右武卫大将军；

郭文懿为内史侍郎；赵长文为黄门侍郎。由于这七人权倾朝廷，被人们称之为"七贵"。

宇文化及将秦王子杨浩立为天子，并强迫六宫及群臣，带领大军一路北上。杨侗为此坐卧不安，便派使者盖琮、马公政去招揽李密。在这种情况下，李密选择了请降，杨侗知道后向其赠送了十分贵重的礼物，并让李密担任太尉、尚书令、魏国公等官职。

后杨侗下令，命李密去阻挡宇文化及。李密接到诏书后，内心十分激动，向北面拜伏，并正式展开了与宇文化及的对抗战。

不过，杨侗将当时的局面想得太过简单了，他以为"七贵"都是忠君为国、赤诚辅政的贤臣，谁知王世充竟联合段达发动了兵变，元文都、卢楚等大臣被杀害，王世充开始独揽朝政。

王世充得势后，逼迫杨侗封他为郑王，加九锡，不过，这并不能满足他的政治野心；不久，王世充便开始觊觎杨侗的皇帝之位。当时，王世充有强大的力量和权势，可以很轻易地将一个傀儡皇帝废掉，自立为王，但是他又不想背上"篡位"的恶名，于是就打算通过"禅让"的方式取得帝位。段达、云定兴等人被他派去逼宫。

他们对杨侗说："天命不常，郑王功德甚盛，愿陛下揖让告禅，遵唐、虞之迹。"杨侗听后，怒不可遏，他说："天下是文帝打下来的，东都是炀帝建造的，如果隋德未衰，这些话就不能讲，如果天命真要改变，还说什么禅让？你们这些人要么是前朝旧臣，要么是为王室操劳，身服轩冕，看你们说的什么话？"左右侍卫被杨侗的话惊出了一身冷汗。

唐武德二年（619年）四月初五，王世充假造圣旨，代杨侗宣布"自己退位，将皇位让给了郑王"。随后又派哥哥王世恽将杨侗幽禁于含凉殿。杨侗并不知晓王世充假借自己的名义颁发的几道禅让诏书。一日后，王世充僭越称帝，封杨侗为潞国公，食邑五千户。

宇文儒童、裴仁基等人想帮助杨侗复位，他们计划除掉王世充。但是他们还没有行动，就被王世充发觉了，宇文儒童等人被处死。

王世充担心杨侗对皇位产生威胁，于是决定赐鸩酒给杨侗，以断绝其他人的希望。杨侗知道自己必死无疑，于是请求王世充，希望可以见母亲最后一面。王世充没有答应他的要求。杨侗布席焚香，礼拜佛祖，并祷告道："来世再不生在帝王家！"拜毕，一口吞下毒酒。但是毒并没有当场发作，杨侗没能立刻死亡，王世充就用绸帛将他勒死。随后，王世充又虚伪地谥杨侗为"恭皇帝"。

杨侗自登上皇位到逊位，只有不到一年的时间。退位后的一个月后惨遭杀害，年仅 17 岁。

局势分析

隋恭帝杨侗从即位时就没有实权，一直是个傀儡皇帝，王世充掌握了实际大权。在最初的时候，杨侗与王世充的关系相对来说十分融洽，杨侗的母亲，当时的太后是王世充的干妈，两人相当于是兄弟。不过这种表面的亲密关系就像是泡沫一样，一戳就破。

有一次，杨侗设宴款待王世充，宴毕，回到家之后的王世充开始呕吐不止，他便怀疑杨侗向他下毒，从此不再上朝，与杨侗的关系也变得剑拔弩张。

在取得对李密的决定性胜利之后，王世充开始展开他的篡位计划。历史上出现了很多的篡位者，虽然他们出身各不相同，但取得皇位的基本步骤大体都是一致的，首先进行加九锡之礼，在礼节上同皇帝平起平坐，之后还要经过三让三退。

不过杨侗是一个脾气倔强的人，当王世充派亲信去试探让他禅位时，当场就被他严词拒绝了。王世充贼心不死，又对杨侗说现在天下大乱，年长的君主才能够威震四方，咱们是兄弟，这个皇位我先坐着，等到天下平定了之后，皇位还是你的，杨侗并没有轻信王世充的花言巧语。

经过多次努力，依旧没有结果，王世充无奈之下只好将杨侗软禁了，然后自己自导自演了一场退让的独角戏，杨侗对整个让位过程都毫不知情。王世充终于如愿以偿地成为了皇帝，而他的兄弟子侄也都被封了王。即使这样，这个结局也让王世充觉得不快，杨侗的不配合，使这场戏总有点他自己自说自话的嫌疑。

王世充并非出于皇族，所以成为皇帝后所做的第一件事情就是正名。对于那些一直想要找机会巴结王世充的人来说，这是一个非常难得的机会，他们可以十分容易地修饰王世充的身世。

其中有一个叫恒法嗣的道士，他为了让王世充高兴，拿着《庄子人间世》《德充符》这两本书，对王世充说，"上篇言'世'，下篇言'充'，此即相国名矣，明当德被人间，而应符命为天子也。"王世充面对如此牵强的解释依然非常高兴，于是任命这个道士为官，其实一个人的出身并不是最重要的，关键是他要有能力管理这半壁天下。

王世充有成为皇帝的野心，当然他也想做出一番大事。为此他十分勤勉，每次朝会他都会非常认真地参与，事无巨细都亲力亲为。

不过，王世充在朝会中太过"啰嗦"，"世充每听朝，必殷勤诲谕，言辞重复，千端万绪，百司奉事，疲于听受。"他不仅在朝会上如此，有时候，甚至会跑到街面上对老百姓进行说教，并对此十分得意，认为自己是勤政爱民的表现，还说让百姓们有什么事情直接向他禀告。

王世充的这番言行感召了一部分百姓，每天都会有上百条献书上事直达官里，没多久，王世充不堪忍受，"条疏既烦，省览难遍，数日后不复更出。"勤政生涯也就此结束。

实际上，王世充并不具备做皇帝的才能，他能够打败李密成为洛阳之主，是一件十分偶然的事情。从内因上看，他之所以能够崛起，"笼络人心"是一个很重要的因素，善于凝聚力量。

不过，当他成为首领之后，这种优势也发生了变化。瓦岗军中的精兵强将对王世充后期雄踞一方具有重要的作用，但是王世充这个人十分虚伪并且反复无常，导致了很多人先后弃他而去，程知节（咬金）和秦琼（叔宝）就是这时候投奔唐营的。

王世充对这些人才的流失感到十分痛心，但是他并没有反思是不是自己的问题，而是一味地迁怒他人。最初的时候，他认为是被废掉的杨侗的原因，于是将杨侗杀害了，但是情况并没有因此好转。

为此他开始制定严厉的惩罚，实行连坐制度，即：如果有一个人逃跑了，那么他的家人都要被处死；如果一家人都跑了，周围的邻居也会受到牵连。渐渐的，逮捕的人越来越多，监狱无法容纳这么多的犯人，王世充便下令将宫城都改为监狱，凡是违背他意愿的人，就要被投入大牢。原本繁荣兴盛的洛阳城变得民不聊生。

物极必反，王世充终于要为他的所作所为付出代价。由于他的倒行逆施，洛阳城变得满目疮痍，这时，秦王李世民打到了洛阳城下，没过多久，王世充便被击败了。从篡位到败亡，王世充的皇帝生涯仅仅持续了不到三年的时间。

为政者，需刚直信义，但王世充并没有这些优点，就算他应时而起，成一时之事，也只能是历史长河中的一丝涤荡而已。

隋朝谢幕

皇泰二年（619年）五月，礼部尚书裴仁基和众人合谋准备杀死王世充，再次拥立杨侗为帝，但不幸事情败露，被盛怒之下的王世充杀死，灭三族。

六月，王世充的哥哥王世恽建议他杀掉杨侗，断绝众人复辟的念头，王世充欣然接受，派侄子王行本去杀掉杨侗，杨侗死后，王世充追封他为

"恭皇帝"。

义宁二年（618年）三月，宇文化及率领十万精兵返回长安，杨浩被迫同行，行至巩县后，遭遇瓦岗军，宇文化及被击败，仓皇之中，他率领2万残部逃到了魏县（今河北大名南）。

同年九月，宇文化及杀死杨浩，自立为帝，改国号为"许"，年号"天寿"。农民起义军首领王薄听说后，假装归附，企图寻找机会夺取其财富。后来，王薄暗中将窦建德军引进城，宇文化及不敌，被活捉。

窦建德俘虏其部众，并将宇文化及押送到河间，不久，窦建德列举了宇文化及种种罪行，将其杀死，他的两个儿子宇文承基、宇文承趾也被砍了脑袋。

至此，隋炀帝的另一位孙子杨政道和萧氏全部落入了窦建德手中。620年，义成公主代表东突厥可汗来到中原，要求窦建德将杨政道和萧氏交出。

突厥兵力强盛，窦建德不敢得罪，乖乖地将萧氏等人送给了义成公主。按照隋朝的辈分关系，义成公主应该称呼萧氏为"嫂子"。

就这样，萧氏和杨正道一起去了突厥。在东突厥，杨政道被立为隋王，建立"大隋"，史称后隋，东突厥的处罗可汗将境内的中原人交给杨政道管理，史书记载，当时"有众万人，置百官，皆依隋制，居于定襄"。杨政道在位期间，力抓生产，不图扩张，百姓安居乐业，一片祥和景象。

公元630年1月，唐太宗李世民派兵攻打突厥，杨政道与祖母萧氏随唐将回归中原，后隋王朝灭亡。杨政道得到善待，官至尚衣奉御，永徽年间去世。

局势分析

宇文化及杀掉隋炀帝后，率众西归，行至徐州时，由于水路不通，他派人从当地掠夺牛车2000辆，将宫女珍宝等装进车内，戈甲兵器则由将士背着。因为道路遥远，人困马乏，没走多久，众将士们便开始抱怨。

司马德戡、赵行枢和大将陈伯图因对宇文化及不满，决定秘密杀掉他，最后却因为谋划不周，反被宇文化及处死，没过多久，将士们便开始逃亡，宇文化及身边只剩下了2万人。

宇文化及想给自己找个临时的栖身之地，他寻找了半天，最后，定下了魏州，无奈，他率兵一连攻打了几十天，仍没半点进展，自己的军队反而伤亡惨重。

宇文化及只好率兵来到了东北的聊城，并计划招募当地的贼盗入伙，不料，却相继遭到了李神通和窦建德的夹击。

窦建德将宇文化及杀死后，将他的头颅交给了突厥的义成公主，义成公主对宇文化及恨之入骨，将其头颅挂在突厥的王廷中。

七月，窦建德被李世民抓获，后在长安被斩首，时年四十九岁。

说点局外事

隋王朝的建立结束了分裂三百年的局面，在其短短的37年里，虽说只有两代帝王，但其中一位皇帝杨坚奋发图强，使得国家富盛一时。因为隋朝统治纵跨黄河、长江两大流域，而长江流域文化又较为发达，随着南北互通日益频繁，出现了比南北朝更进步的文化，尤其在哲学、文学、语言学、音乐、美术等方面的南北融合是显著的。

科学技术在隋朝有了令人瞩目的成就：著名天文学家及经学家刘焯制造了当时最进步的历法《皇极历》。杰出医学家巢元方写出了开拓后世病因学、病理学研究途径的《诸病源候论》50卷。隋朝的地理学，尤其是地图编绘技术进步突出。在建筑学领域，隋朝工匠李春建成的安济桥，也就是赵州桥，是我国现今保存的最古老的大石桥。它几乎比欧洲同类桥梁早了130年之久。

隋朝是封建时期百花齐放的黄金时代，无论是政治、文化、经济、外交都取得了长足的进步，是当时世界上最强盛的国家。友邻们也都受其很大影响，包括东亚的新罗、渤海国，以及日本等国家，在政治体制、文化等方面尤为鲜明。

隋朝还开凿了闻名于世的大运河，稳固了国家统一的大局，促使南北经济、文化等各方面获得很大发展。然而，到了后期，不仅朝政开始荒废，还接连发动了几次较大的对外战争，使得民不聊生，怨声载道。隋朝末期，残暴的统治终于激起了强烈的反抗，尤其是以瓦岗军为代表的农民起义，使得本就摇摇欲坠的隋朝最终土崩瓦解。